W0307473

egoth
biographie

2. Auflage

Copyright © 2005
egoth – egon theiner verlag
1070 wien . kaiserstraße 14/7
www.egoth.at

Alle Rechte, auch die des auszugsweisen
Abdrucks oder der Reproduktion einer
Abbbildung, sind vorbehalten.

ISBN: 3-902480-03-3

Gestaltung und Typographie
ABRAHAM . SCHEUER . GRIESSNER
Agentur für Dialog. Salzburg

Fotos
Christian Mastalier (Cover)
Fotoagentur Votava, Fotoagentur Onze, GEPA pictures,
Pressefoto Wilhelm Schraml, Bildarchiv APA,
Bildarchiv News/Zach-Kiesling, Bildarchiv Kronen Zeitung/Gradwohl,
Bildarchiv Kronen Zeitung/Maislinger, Kernmayer photography,
Foto Kainerstorfer, Foto Moreno, Alexander Tuma, Foto Judt,
Foto A. Pohl, Daniel Krug, Günter R. Artinger, Gerhard Bartl,
Christian Hofer, Manfred Bluska, Privatarchiv

Druck
Holzhausen Druck & Medien GmbH, Wien

Gesamtherstellung
egoth – egon theiner verlag

Wolfgang Maria Gran

KRANKL

egon theiner verlag

Es bringt einfach nichts, wenn man sich ärgert.
Nicht einmal über seine Feinde soll man sich ärgern.
Es ist intelligenter, seine Feinde zu lieben.
Das sagt auch Jesus in der Bergpredigt –
eine tiefe Weisheit.

Dalai Lama

Für Inge, Sandra, Johann und Maria
in Liebe.
Meinen Heroes Ray Davies,
Paul Hewson, Paul McCartney, Clint Eastwood,
Sean Connery und Muhammad Ali
mit dem größten Respekt.

Johann Krankl, im Juli 2005

Meinen Eltern, weil sie auch in stürmischen
Zeiten stehen wie steirische Eichen.
Herta und Daniel, weil sie meine Oase
der Liebe und Geborgenheit sind.
Walter, weil er ein guter Freund ist, und seiner
Almhütte, weil sie mich zum Schreiben aufnahm.
Schließlich meinem Satan aus Thal
für Seelenbruderschaft im Zeichen des Wolfes.

Wolfgang M. Gran, im Juli 2005

Inhalt

Inhalt

BEGEGNUNG IN DER WONNE-WANNE

Richtig zum Liebhaben war er nicht, als ich ihn das erste Mal bewusst zur Kenntnis nahm. Es war ein Augusttag des Jahres 1977, ich war keusche 15 und einer der ganz wenigen Sturm-Fans im „GAK-roten" Grazer Bezirk Andritz. Die Idole meiner Jugend hießen Kjeld Seneca, Kurt Stendal und Gernot Jurtin. Wie bei jedem Heimspiel stand ich auch an jenem Augusttag auf meinem Stehplatz im alten Liebenauer Stadion, als es gegen Rapid ging.

Doch es war kein schöner Tag, denn meine Schwarz-Weißen verloren mit 1:3 – und ein gewisser Hans Krankl war mit zwei Toren der Henker meiner Helden. Aber schon damals mischte sich in meine Trauer Bewunderung für diesen geilen Kerl, der

Tore schießen konnte wie kein Zweiter, der das Kunststück zuwege brachte, einerseits meine Sturm-Seele waidwund zu schießen, andererseits aber dennoch über alle Vereinsgrenzen hinweg mit seinen Treffern mein Kickerherz frohlocken zu lassen. Es war dies eine Zeit, in der sich in mir der Sportjournalist als späteres Berufsziel festzusetzen begann.

Elf Jahre später war es so weit: Nach dem Marsch durch viele Medien und nahezu alle Ressorts heuerte ich bei der „Salzburg Krone" als Sportredakteur an und ging ins Lehener Stadion, als die dortige Austria gegen Kufstein das erste ihrer zwei Schicksalsspiele um den Aufstieg ins mittlere Play-off zu absolvieren hatte. Und das erste, was ich dort zu sehen bekam, war Hans Krankl, waagrecht in der Luft liegend sein Volleytor zum 1:0-Sieg erzielen. Nur Tage darauf, am 6. Dezember 1988, kam es dann zur ersten persönlichen Begegnung, und die war dann doch recht ungewöhnlich. Mit einem 2:1 gegen Spittal hatte Salzburg dank Krankl und Felix Kurbasa das Ziel erreicht, und ich wagte mich danach erstmals in die Katakomben des Stadions. Damals durften Journalisten noch zu den Spielern in die Kabine. Während ich gedanklich noch an der zauderlichen Anrede für den Respekt einflößenden grauen Bomber arbeitete, packten mich zwei Hände von hinten und stießen mich samt Gewand ins Entmüdungsbecken, wo ein pudelnacktes Kicker-Dutzend samt Krankl und meinem „Krone"-Kollegen Hannes Krawagna mehr laut als richtig den Sieg besangen. Nun braucht an einem saukalten Dezembertag kein Mensch nasse Klamotten am Leib, aber was zählte das in diesem Augenblick! Die aus ehrfürchtiger Distanz angehimmelte Kicker-Gottheit saß mit dem nassen Erdling in der drei mal drei Meter kleinen Wonne-Wanne. Erhebend.

Hans Krankls letzte Monate als Spieler waren meine ersten als „Krone"-Sportler. Indem er sich mit elf Toren und Salzburgs Wiederaufstieg nach vier Jahren Erstliga-Abstinenz einen würdigen Abschied als Spieler verschafft hatte, ermöglichte er mir einen wunderbaren Einstieg in den neuen Job.

Neun Jahre später kam Krankl als Trainer nach Salzburg zurück, und wie schon als Spieler war er für Journalisten ein nie versiegender Quell, aus dem Geschichten sprudelten. Mit ihm zu tun zu haben war wie an einen Stromkreislauf angeschlossen zu sein. Er quoll im Sieg euphorisch über, dröhnte sich in der Niedergeschlagenheit nach Niederlagen daheim in seiner Salzburger Altstadtwohnung tagelang mit schwerstem Blues zu und litt.

In diese Zeit fiel die Entdeckung unserer zweiten Beziehungsebene neben dem Fußball: Hans Krankl erfuhr, dass ich in der Freizeit eine Rhythm & Blues-Band leitete; die Folge davon waren in den Jahren seit damals zahllose gemeinsame Live-Auftritte, teilweise vor Tausenden von Menschen, sowie später eine CD („A scheena Bua"/EMI), auf der er als Gast mitwirkte. Ich erlebte ihn auch auf der Bühne als charismatische Naturgewalt, aber noch wichtiger an dieser neuen Beziehungsebene war, dass sie den Weg zum Menschen Hans Krankl frei machte.

Es entwickelte sich ein vertrauteres Verhältnis als das im rein Beruflichen möglich gewesen wäre, es taten sich unter Sangesbrüdern wechselseitig Fenster zum Innenleben auf, die in einer auch noch so guten Kommunikation zwischen einem Journalisten und einem Trainer von Rollbalken geschützt geblieben wären. Das Vertrauen, das auf diese Weise entstand, war letztlich auch Anstoß und Legitimation für dieses Buch.

Damit sind wir dort angelangt, was auf den folgenden Seiten passiert: Natürlich kann man über Hans Krankl kein Buch schreiben, das nicht seine markantesten Lebensstationen beinhaltet. Aber hier soll dennoch keine klassische Biographie vorgelegt werden nach dem eintönigen Muster „Geboren am ... Teamchef seit ..." Hier liegt der Versuch vor, die markantesten Persönlichkeitsmerkmale dieses außergewöhnlichen Menschen zu skizzieren und seine Geschichte in Form von Geschichten hinein zu weben.

Geschichten, die nicht nur er bei tagelangen Sitzungen in der prallen Sonne am Strand von Jesolo preis gab, sondern auch Geschichten, wie sie gut 75 Wegbegleiter Krankls, die ich für dieses Buch ausführlich interviewte, zu erzählen wussten – von seinem inzwischen 80 Jahre alten Juniorentrainer Sepp Pecanka bis hin zu seiner Ehefrau Inge und den Kindern. Allein dass Hans Krankl und die Mitglieder seines normalerweise hermetisch abgeriegelten „familiären Mikrokosmos" erstmals überhaupt Einblick in das bis dato am besten gehütete Prominenten-Privatleben Österreichs gewährten, war ein gewaltiger Vertrauensvorschuss, für den ich mich auch an dieser Stelle bedanke.

Das Schwierigste an einer Biographie ist nicht, an Informationen zu kommen, sondern diese auf ihren Wahrheitsgehalt abzuklopfen und teilweise wieder auszusortieren, weil sie entweder nicht hieb- und stichfest sind oder schlicht keinen etwas angehen. Vieles, was die Beurteilung Krankls im Spiegel der mit ihm in Berührung stehenden Menschen betrifft, ist Interpretationsspielraum. Man kann ein und dasselbe Verhalten positiv oder negativ sehen. Man kann ihn einen Sturschädel schimpfen, oder seine Konsequenz schätzen. Man kann ihm absolute Unfähigkeit zur Diplomatie nachsagen oder bewundern, dass er sich in keiner Lebenssituation verbiegen lässt. Man kann ihn des Egoismus und der Selbstverliebtheit bezichtigen oder sagen: Dieses grenzenlose Selbstbewusstsein muss man haben, wenn man an die Spitze will.

Im Endeffekt läuft es bei Krankl, und das war schon so, als er noch ein junger Stürmer war, stets auf eines hinaus: Entweder man mag ihn, oder man mag ihn nicht. Egal ist er kaum jemandem in diesem Land. Das ist natürlich etwas, das er selbst provoziert, indem er die Welt in Gut und Böse, Schwarz und Weiß, Freund und Feind einteilt und mit diesen seinen Kategorisierungen jedem direkt und unverblümt ins Gesicht springt. Das ist manchmal brutal, oft ungeschickt – aber er kommt immer von vorne. Und deshalb lege ich bereits im Vorwort ein „Geständnis" ab, das für mich in keinem Widerspruch zur journalistischen Redlichkeit beim Schreiben dieses Buches steht. Ich zähle zu jenen Menschen, die Hans Krankl gern haben. Ziemlich gern sogar.

Weil er einer der ehrlichsten Menschen ist, denen ich in meinem Berufsleben je begegnet bin. Weil er ein oft trotziges und manchmal auch rotziges Aufbegehren gegen die Verfaserschmeichelung und Unverbindlichkeit dieser Zeit verkörpert. Weil er direkt aus dem Herzen heraus Stellung bezieht, die Dinge beim Namen nennt und sich auch dann nicht biegen lässt, wenn es eng wird. Nicht vom Geld und nicht von vermeintlich Mächtigen.

Das fordert mir allergrößten Respekt ab, auch wenn er gewiss nicht immer mit allem Recht hat, was er sagt und tut. Aber grundsätzlich tun Menschen wie er – und davon gibt es nicht besonders viele – als Gegenschwimmer im Mainstream der Angepasstheit und der lauwarmen Diplomatie einfach wohl.

1

HAND AUFS HERZ

Der braun gebrannte, stattliche Mann mit dem weißen Haupthaar trat wie jeden Morgen auf den Balkon seines schmucken Appartements an der Piazza Milano in Jesolo, um dem neuen Tag ein freundliches „Buon giorno" zuzublinzeln. Doch irgendetwas war an diesem strahlenden Sommertag anders als sonst. Auf dem Dach des benachbarten Hotels „Beny" hatte die Fahnen-Galerie Zuwachs bekommen, und zwar um die EU-Flagge. Aber das war nicht das Problem. Was dem Herrn auf dem Balkon im fünften Stock einen emotionalen Katapultstart in den Tag verschaffte, war die Fahne, die aus diesem Grund plötzlich fehlte – die österreichische. Er, der in seiner aktiven Zeit als Fußballer das Laufen ohne Ball gehasst hatte, legte einen Sprint ins Erdgeschoss hin und stellte den Portier: „Wenn nicht in fünf Minuten die österreichische Fahne wieder da oben hängt, gibt's was!" Geflucht und zurück nach oben gesprintet, um vom Balkon aus zu beobachten, ob der Anordnung auch Folge geleistet würde. Es wurde, und als Rot-Weiß-Rot am Hoteldach wieder aufgezogen war, stand er da, zufrieden lächelnd, die rechte Hand am Herzen.

Ein Spinner? Nein, ein Patriot. Einer, dem Österreicher und darauf auch noch stolz zu sein tatsächlich ein Herzensanliegen ist und nicht billiger Bluff, wie das manche unterstellten, als Hans Krankl österreichischer Teamchef und die rechte Hand am linken Fleck vor jedem Länderspiel zum Pflichtmotiv für die Fotografen wurde. Ein Patriot, der sich selbst und sein kleines Land als Fußballer zwei Mal groß gemacht hat, mit seinen beiden Weltklasse-Toren gegen Deutschland bei der WM 1978 in Argentinien und mit dem darauf folgenden Engagement beim FC Barcelona, einer der ersten Adressen des Weltfußballs. Hans Krankls Patriotismus ist kein politischer. Es ist unter anderem ein vom Stolz genährter, als kleiner Österreicher groß geworden zu sein.

Heimat bist du großer Söhne. Hand aufs Herz, dass sich Hans Krankl mit dieser Textzeile der österreichischen Nationalhymne gemeint fühlt. Deshalb ist, was er tut, nicht Pose, sondern Geste. Er huldigt der Größe des Augenblicks, aber auch seiner Beteiligung daran, denn nur ein Großer ist zur großen Geste legitimiert – der selbst ernannte Tribun des österreichischen Fußballs.

„Krankl verkörpert, was sich der normale Fußballfan unter einem Teamchef vorstellt. Wenn einer mit Herz und Seele Teamchef ist und Patriot, und wenn er dann die Hand auflegt auf sein altes Herzerl, dann ist das er, der das vermitteln kann und Leute anspricht, die sonst kein österreichischer Trainer ansprechen kann. Er kann ein österreichisches Wir-Gefühl vermitteln, das außer ihm keiner zustande bringt", meint Hannes Winklbauer, Fußball-Experte der „Salzburger Nachrichten". Das vermittelt Krankl auch seinen Spielern, wenn er markige Sätze wie den von sich gibt: „Ich bringe eines rüber: Begeisterung und Leidenschaft, für ein Land zu spielen, dieses zu verteidigen und womöglich zu gewinnen. Wer nicht die Begeisterung, die Ehre und den Stolz versprüht, für dieses Land alles zu geben, hat bei mir nichts verloren. Ein guter Teamspieler muss bei mir auch ein guter Patriot sein."

Aber Hans Krankls Patriotismus wird just durch seine Landsleute beständig auf eine harte Probe gestellt. Während man ihn in Spanien, wo er vor inzwischen 25 Jahren seinen letzten Schuss im blau-roten Barcelona-Dress abgegeben hat, bis heute huldvoll umschwärmt, hat er es im eigenen Land ungleich schwerer, seine Vorstellungen vom Umgang mit einem Mann seiner Güteklasse durchzusetzen. Er beansprucht zwar keinen unbefristeten Mietvertrag im kritikfreien Raum, aber ausreichend geschätzt fühlt er sich im Land, in dem er wurzelt, keineswegs: „Ich vermisse manchmal den Respekt gegenüber meiner Person. Dagegen wehre ich mich. Ich verlange Respekt, weil ich der Herr Krankl bin und einiges für dieses Land im Fußballsport geleistet habe", gab er in einem „profil"-Interview zu Protokoll.

Das schmerzt ihn wohl auch deshalb so sehr, weil er nicht nur von der Vergangenheit zehren muss, sondern es geschafft hat, auch eineinhalb Jahrzehnte nach seiner Fußballer-Karriere als unverbrauchter Popularitätsgigant zu überleben. Aus dem Kokon des Torjägers ist im Lauf der Jahre der bunte Schmetterling einer Allzeit-Fußball-Größe geschlüpft, die gegenüber dem „jungen Wilden" mit den markanten Koteletten durchaus gelungene Metamorphosen in Auftreten, Erscheinung und Persönlichkeitsentwicklung vorzuweisen hat. Und die sich auch abseits ihres Trainerjobs und der großen Spieler-Vergangenheit als Fixstern am Firmament des österreichischen Gesellschafts- und Medienlebens etabliert hat. Es wird mit diesem Begriff ausreichend Schindluder getrieben, aber wenn man einen als Ikone des österreichischen Fußballs bezeichnen kann, dann Krankl. Josef Metzger, Sportchef der „Presse" und journalistischer Begleiter der Krankl-Karriere von Anfang an, schrieb anlässlich des 50. Geburtstages der „zeitlosen Galionsfigur": „Er hat sich gleichsam selbst überhöht und auf eine eigene Stufe, die Krankl-Ebene gestellt, sozusagen Denkmal seiner selbst in aller Bescheidenheit."

Von dieser Stufe aus lebt er einen Patriotismus, der die Klaviatur der großen Gefühle bedient, dessen wesentliches Element es aber ist, dass der Meister gelegentlich seine Ebene verlässt, um zu seinen Schutzbefohlenen herab zu steigen und sich mit diesen zur verschworenen Gemeinschaft gegen den Außenfeind zu verschmelzen. Ob der jetzt aus fernen Ländern anreist, um sich mit seinem Team zu messen oder im eigenen Haus sitzt und es an gebührender Hochachtung fehlen lässt, ist bei diesem Ritual zweitrangig.

Entscheidend sind für den Nationaltrainer in solchen Situationen die Punkte, die er bei denen macht, die ihm immer schon wichtiger waren als Würden- und Amtsträger aller Art: Die einfachen Leute. Hubert Winklbauer schrieb im „Kicker" nach den Siegen gegen Wales in der WM-Qualifikation: „Hans Krankl hat sich vom fußballerischen Hochadel in den Stand des Arbeiterbuben zurück versetzt: Wir da unten gegen die da oben. Krankls

Befindlichkeiten hatten sich mit denen Tausender Fans gedeckt: Der Hansi war wieder der Burli des harten Kerns der Fußball-Anhänger."

Der gelebte und mit großer Geste nach außen getragene Patriotismus des Hans Krankl hat, ohne dass das taktisches Kalkül wäre, nach Niederlagen oder sonstigen wenig erklecklichen Resultaten auch eine Nebenwirkung: Er fungiert als Klebstoff auf dem Schleudersitz des Nationaltrainers. Denn wenn schon das Können nicht da ist, um im Konzert der Großen des Fußballs mitspielen zu dürfen, so gibt es keinen, der das Wollen mehr verkörpert: Nationalstolz als Surrogat für nationale Erfolge. Weil Hans Krankl die Mittel in Form von ausreichend Klassespielern nicht hat, um Österreich auf die Schnelle wieder dort zu etablieren, wo er in seiner Ära als Teamspieler stand, muss er dorthin ausweichen, wo er ohnehin seine größten Stärken hat – in die Emotion.

Das kann aber nur funktionieren, wenn es glaubhaft ist. Das kann man nicht spielen und Hans Krankl am allerwenigsten. Denn er lebt diese seine Aufgabe im Dienste des Vaterlandes, er leidet gelegentlich an ihr, aber er liebt sie.

Doch wenn Hans Krankl liebt, aber nicht ausreichend zurück geliebt wird, kränkt er sich. Vor allem, wenn er damit konfrontiert wird, was er am meisten hasst und was ihm ausgerechnet in seiner Heimat am öftesten begegnet – Missgunst, Neid, Falschheit, vermeintliche oder auch tatsächliche Ungerechtigkeit. Dann eröffnet der Gerechtigkeitsfanatiker Kriegsschauplätze, um sich von denselben unverzüglich zurück zu ziehen und vom Liegestuhl aus zu beobachten, was passiert.

Dann ist es wieder Zeit für Jesolo.

Das Adria-Städtchen ist für ihn nicht Urlaubsort, um ein paar Wochen Sonne und Meer zu genießen, sondern ein Stück Heimat für den „Italiener" Hans Krankl, für jenen Teil seiner Seele, der in kindlichem Sehnen will, dass alles gut ist. Dort funktioniert die Welt noch so, wie er sie am liebsten immer und überall haben möchte: Ausgerichtet nach seinen Wünschen, reglementiert nach seinen Wertvorstellungen, bestehend aus ausschließlich von ihm sorgsam ausgewählten Einzelbestandteile, die sich zum großen, umfassenden Wohlbefinden zusammenfügen. Und darüber hinaus begünstigt durch eine Lebensart, die dem südländischen Temperament in ihm entspricht:

„Ich liebe die Italiener. Sie haben die Kinder gern, sie versuchen zu leben, nehmen nicht alles so hundertprozentig ernst, und es gibt hier nicht diesen Neid wie bei uns", schwärmt „Don Giovanni" von seinem Sommerleben im 24. Wiener Gemeindebezirk, wie Jesolo aufgrund der hohen Urlauberdichte aus Österreichs Bundeshauptstadt scherzhaft bezeichnet wird. Und er, dem man früher den Ehrenvorsitz der Schnitzel- und Fleischlaibchen-Fraktion hätte anbieten können, gerät inzwischen angesichts mediterraner Kost in Verzückung: „Olivenöl, Knoblauch, Tomaten, Brot, Wasser, Rotwein. Ernährst du dich von diesen sechs Grundnahrungsmitteln, lebst du ewig."

Siebtens sagt er nicht dazu, wird aber deutlich, wenn man in seiner Begleitung die Via Leonardo da Vinci von der Piazza Milano bis zur Piazza Torino entlang spaziert: Die vorbehaltlose Verehrung, die ihm da von Touristen wie Einheimischen entgegen gebracht wird, und die dem Mann, der nach außen so oft den Rambo mimt, nach innen aber eigentlich nur von allen gemocht werden möchte, runter geht wie ein gutes Glas Brunello. Als Grundnahrungsmittel für die Seele.

Es sind dies aber gelegentlich auch Momente, in denen er sich des einzigen schweren Fehlers seiner Fußballer-Karriere entsinnt: Dass er im Sommer 1981 dem Liebeswerben des AC Milan nicht nachgegeben und einen Traumvertrag ausgeschlagen hatte. Der Mailänder Topklub war im Zuge des große Schiebungs- und Bestechungsskandals ein Jahr davor in die zweite Division strafversetzt worden. Einen Sommer später, Herbert Prohaska spielte bereits beim Lokalrivalen Inter, wollten die Italiener den von Barcelona an Rapid verliehenen Krankl kaufen. Der hatte, durch seine Abschiebung bei den Spaniern zutiefst gekränkt, die Leihgebühr an Barcelona für das Frühjahr aus eigener Tasche bezahlt, um nicht mehr nach Katalonien zurück zu müssen. Rapid hatte damals wenig Geld, bekam im Winter aber von „Barca" das Sommer-Vorkaufsrecht für Krankl um 450.000 Euro eingeräumt. Die Mailänder boten den Katalanen nun aber plötzlich mehr als eine Million Euro, Krankl einen Traumvertrag mit einer für damalige Verhältnisse in der europäischen Spitzenklasse angesiedelten Monatsgage von 22.000 und Rapid immerhin 110.000 Euro für den Verzicht auf das Vorkaufsrecht.

Krankls Berater, Dr. Skender Fani, hatte just zu dieser Zeit einen schweren Autounfall und lag zwei Wochen auf der Intensivstation. Er ist heute sicher: „Wäre ich damals nicht out of order gewesen, wäre Hans bei Milan gelandet." Der bestreitet das aber: „Ich war dermaßen gekränkt durch das Verhalten von Barcelona, so in grenzenlosem Selbstmitleid verfangen, weil sie mich fortgeschickt haben, dass ich nicht mehr ins Ausland wollte. Da hätte mich auch Fani nicht umstimmen können."

Man muss sich das einmal vorstellen: Zu einer Zeit, in der Italien eben erst die Grenzen für ausländische Spieler geöffnet und zwei pro Klub erlaubt hatte, wollte AC Milan den Hans

Krankl. Und der sagte nein, weil er „ang'rührt" war und blieb für einen Bruchteil des Geldes in Wien, wo man ihm monatelang nicht sagen konnte, ob man ihn sich überhaupt leisten kann. Obwohl er danach mit Rapid zu Höhenflügen und Meistertiteln durchstartete, tut ihm das heute leid: „Ich darf nicht daran denken, was ich jetzt hier in Italien sein könnte, wenn ich damals zu Milan gegangen wäre." Die Möglichkeit bestünde, dass heute Wien-Hietzing sein Jesolo, sein kleines Paradies, und Italien sein Hauptwohnsitz wäre. Und sein Kollege und Freund Werner Gregoritsch müsste nicht diagnostizieren: „Der Hans weiß natürlich genau, als österreichischer Trainer bist du in der Würstelbraterei. Damit kommt er, glaube ich, sehr schwer zurecht."

Er gehört eigentlich in die Mailänder Scala und tritt in der Löwingerbühne auf.

Werner Gregoritsch, Freund und Fußballtrainer, über Hans Krankl.

In vielen Dingen funktioniert Hans Krankl sehr einfach. Dass er nicht, was angesichts seiner Barcelona-Vergangenheit nahe liegend wäre, Spanien-Urlauber ist, sondern seinen Zweitwohnsitz in Jesolo aufgeschlagen hat, liegt neben den erwähnten Gründen schlicht daran, dass er im einen Fall fliegen, sich im anderen jedoch nur ein paar Stunden ins Auto setzen muss. Ins Flugzeug steigt er nur dann freiwillig, wenn es über den Atlantik geht. Denn neben dem Wiener und dem Südländer, gibt es auch den „Amerikaner" Krankl, zusammengesetzt aus der Begeisterung für Motorrad-Kult, Marines und Mississippi-Delta-Blues.

Wie in allen anderen Bereichen holt er sich auch hier nur das heraus, was ihn anspricht: „Mich begeistert die Größe des Landes, die Musik, die Art zu leben. Ich will mein Amerika so sehen, wie es mir gefällt. Ich bin kein Politiker und muss mir keine Slums anschauen." Auch hier zeigt sich, dass Hans Krankl ein gänzlich unpolitischer Mensch ist: „Ich bin ein Amerikaner, weil ich sie für ihren Patriotismus bewundere." Er, der seinen viele Jahre in Kriegsgefangenschaft festgehaltenen Vater unter anderem wegen der Spätfolgen des Hitler-Wahnsinns viel zu früh verloren hat und der den Krieg mehr als alles andere hasst, kann sich für die Ausbildung von US-Eliteeinheiten begeistern. Es ist eine naive Affinität zu Disziplin und Härte, die den Gedanken an Ernstfall und Endzweck auszuklammern imstande ist, man könnte fast sagen, die schwärmerische Übertragung des „Dirty Harry" vom Hollywood-Zelluloid ins wirkliche Leben.

Wenn aber dann nicht mehr Clint Eastwood oder Bruce Willis auf der Leinwand für Action sorgen, sondern das Grauen echt wird, ist es vorbei mit der selektiven Wahrnehmung. Das Attentat auf das World Trade Center hat Hans Krankl in seinen Grundfesten erschüttert und ihm die Möglichkeit genommen, sich mit folgendem Satz aus der Realität heraus zu halten: „Mich interessiert die Administration Bush genau so wenig wie jede andere. Ich weiß, dass viele Menschen amerikakritisch eingestellt sind, und das ist auch okay, hat aber nichts mit mir zu tun." Er kaufte alle Bücher, die zum Thema 9/11 erhältlich waren, las sie binnen weniger Wochen, um sich ein Bild machen zu können. Er flog mit Ehefrau Inge zwei Monate nach dem Anschlag nach New York, weil er Ground Zero mit eigenen Augen sehen wollte: „Das hat mich erschüttert, ich konnte fast nicht hinschauen, aber ich musste dort hin. Aber das hat alles, was ich für Amerika empfinde, noch verstärkt, was bei mir mit Politik jedoch nichts zu tun hat." Womit es zu tun hat, sagte er einem Journalisten, der ihn im März 2004 für ein Magazin für Sicherheitsbeamte interviewte:

„Das Innere meines Patriotismus spiegelt sich auch in diesem Fire-Department New York und in diesen New-York-Cops. Das sind meine Heroes, meine Lieblinge."

Hans Krankl begab sich für sich selbst mit seinen Büchern wohl auf Ursachenforschung, weil er Erklärungen für das Unfassbare suchte. Was ihm aber von diesem schrecklichen Ereignis in erster Linie blieb, war Ehrfurcht vor dem Zusammenhalt der Menschen im Schmelztigel der Nationalitäten New York und aufrichtige Bewunderung für die Helden des Alltags, die einfachen Leute, denen er sich auch in dieser Situation zugehörig fühlte. Weil er selbst zwar längst in die Welt der Reichen und Schönen aufgestiegen ist, dabei aber nie vergessen hat, wo sein Weg begann.

Als Kind einfacher Leute im 6. Wiener Gemeindebezirk.

2

LEBEN AUF SCHIENEN

Johann Krankl war ein Wiener Straßenbahner, und so wie er seinen Zug auf der Linie 8 bewegte, tat er das mit sich und seinen Liebsten auch im Leben. Klar das Ziel, schnurgerade der Weg, kein Links, kein Rechts, wie das auf Schienen halt nun einmal so ist: Familie, Beruf und ein anständiger, ehrlicher Mensch sein, das war das Fundament, auf dem er sein Leben aufbaute. Der Weg, den er für seinen Sohn Hansi vorgezeichnet sah, wies auch keine Krümmungen auf. Der kleine Kerl sollte ein großer Fußballspieler werden. Da traf es sich gut, dass Johann Krankl nebenbei auch noch die Buben des KSV-Straßenbahn trainierte und sich gleich selbst um seinen Sohn kümmern konnte. Der war schon damals mehr als nur die Fleisch und Blut gewordene Sehnsucht des Vaters nach der großen Karriere. Günter Leber, von den Straßenbahn-Minis bis zu den Rapid-Junioren Freund und Mitspieler, erinnert sich: „Ich habe zum ersten Mal gesehen, dass ein Knabenspieler vom Sechzehner auf das Tor geköpfelt hat. Die meisten von uns konnten nicht einmal mit dem Fuß so weit schießen."

Neben dem Vereinstraining verbrachte der kleine Hans zu dieser Zeit auch noch jede freie Minute im Park, und weil er noch so jung war, durfte er mit den älteren Burschen nur mitspielen, wenn er sich ins Tor stellte. Da sah ihn eines Tages ein Rapid-„Scout", wie man das heute nennen würde, der sich immer in den Parks nach Talenten umsah und machte den Klub auf den kleinen Tormann aufmerksam. Dieser stellte jedoch sofort klar, dass er eigentlich Mittelstürmer sei. Daraufhin wurde er im nächsten Straßenbahn-Match beobachtet. 2.000 Euro und zwei Garnituren Dressen kostete es Rapid, des hochtalentierten Buben samt seines Freundes Leber habhaft zu werden.

Das traf sich gut, denn seit der Vater ihn einmal auf die Pfarrwiese zu einem Rapid-Match mitgenommen hatte, war für den kleinen Hans festgestanden: Da will ich einmal spielen. Und jetzt war es so weit: „Ich bin in die Kabine gekommen, und da lagen Leiberl, Hose und Stutzen auf meinem Platz – ich habe gedacht, ich bin bei Real Madrid."

Rapid ist wie eine unheilbare Krankheit.
Bist du einmal infiziert, hast du sie immer.

Hans Krankl

Das Etappenziel, zum Traumklub zu kommen, war geschafft, aber der wichtigere Faktor für den weiteren Weg Hans Krankls waren die beiden Trainer, die den Rohdiamanten nun zu schleifen begannen. Sepp Pecanka und Robert Körner gaben dem jungen Mann genau das, was er nach seinem Trainer-Vater brauchte, nämlich das Gefühl der Geborgenheit und die Gewissheit, dass sie als Verantwortliche im neuen Umfeld genau so an ihn glaubten wie der geliebte Vater: „Er hatte mit Robert Körner und mir nicht nur zwei gute Trainer, sondern mit Günter Leber und Peter Barthold auch zwei sehr gute Freunde bei Rapid. Das war wichtig und ein großes Glück für den Hans", sagt Pecanka.

Schon damals galt offenbar: Zu wirklich großen Leistungen ist Krankl nur in einem familiären Umfeld fähig, wenn ohne Einschränkung an ihn geglaubt wird. Er war als Einzelkind verhätschelt, dürfte daheim in der Webgasse in Mariahilf schon als Halbwüchsiger das Gefühl bekommen haben, dass sich die Sonne um ihn dreht und nicht umgekehrt, so groß war das liebende Interesse seiner Eltern an seinem Wohlergehen. Verwöhnt hat ihn das ganz gewiss nachhaltig, verweichlicht jedoch nicht.

Denn Vater Krankl, inzwischen nur noch für die Betreuung des Sohnes außerhalb des Platzes zuständig, kam zwar nach dem Training gelegentlich noch zum Teenager in den Duschtrakt, um ihm auch noch als 14-Jährigem den Rücken zu waschen. Aber er ließ es auch nicht an Strenge fehlen, den Buben in der Spur zu halten: „In der Zeit, als ich keine Führung hatte, so mit 15, 16 Jahren, bin ich oft genug herum gelungert und in die Disco gegangen. Da ist es schon einmal vorgekommen, dass Vater Krankl den Hans herausgeholt hat, wenn er mit uns war", erzählt Leber. Das waren aber die Ausnahmen, denn der junge Johann brachte schon als Heranwachsender von sich aus enorme Disziplin mit, wie auch Leber bestätigt: „Er hatte die beste Einstellung von uns allen. Wir waren eine Menge sehr guter Spieler, aber im Endeffekt sind außer Hans und Peter Barthold alle gescheitert."

Dicke Luft gab es zwischen Vater und Sohn Krankl in dieser Zeit nur zwei Mal: Johann Krankl war leidenschaftlicher Schiedsrichter, bei dem es vorkommen konnte, dass er ein Knabenspiel unterbrach, um eine Aktion nachzustellen und zu zeigen, wie man es richtig macht. Jedenfalls leitete er in dieser Funktion ein Nachwuchs-Derby Rapid gegen Wacker im Stadion – und wurde zum Sargnagel der Mannschaft seines Sohnes. Zuerst pfiff er ein Elferfoul an Johann junior nicht, und als der protestierte, zeigte er ihm die Rote Karte. Die Furcht, man könnte ihm nachsagen, er hätte seinen Sohn begünstigt, war in diesem Moment größer als sein ausgeprägter Gerechtigkeitssinn. Manche behaupten, die Funkstille daheim in der Webgasse hätte tagelang angehalten.

Zeitensprung: Reinhard Kienast, viele Jahre Hans Krankls Mannschaftskollege bei Rapid und noch Spieler unter dem Trainer Krankl, erinnert sich an die erste Zeit, als der frühere Kollege in Hütteldorf sein Chef wurde: „Mich hat er am Anfang als Trainer immer besonders hart angepackt, damit nur ja keiner auf die Idee kommen könnte, ich wäre sein Liebkind."

Beim zweiten Vater-Sohn-Konflikt waren die Rollen vertauscht. Diesmal war der Alte dem Jungen böse: „Der Vater hat mir eine Mechaniker-Lehrstelle besorgt, aber dort waren alle Fußball-Hasser und haben mich schikaniert ohne Ende", erinnert sich Krankl. Es gab jedoch das väterliche Gesetz, dass man eine Lehrstelle nicht wechselt, schon gar nicht eine, um die sich Johann Krankl persönlich bemüht hatte. Nie hätte sich der Sohn dem widersetzt, also spielte Mutter Krankl Schicksal, als Hans eines Tages mit Zornestränen in den Augen nach Hause kam. Sie fuhr in die Werkstätte und hielt knapp, aber bestimmt fest: „Der Hansi kommt am Montag nicht mehr." Für den Buben war das der schönste Tag, der Vater tobte.

Die Verhältnisse, unter denen Hans Krankl aufwuchs, waren einfach, ohne dass ihm ein Wunsch versagt geblieben wäre. Er war verwöhnt, aber nicht verzogen, bekam die Grundfesten für sein späteres Leben mit auf den Weg und steht bis heute darauf: Zielstrebigkeit, Konsequenz, Disziplin, Ehrlichkeit, Bescheidenheit und großer Familiensinn. So wie der Vater ihn in der Spur hielt, verlangt er als Trainer von seinen Spielern einen sportlichen, zielorientierten Lebenswandel. Sein Trainer-Assistent Franz Leberbauer erinnert sich heute noch mit Schaudern an Straftrainings in Krankls Anfangszeit bei Rapid, als er die Spieler Andi Poiger, Peter Wurz und Matthias Bleyer nach Ausrutschern im Lebenswandel auf dem Platz quälte, bis sie kurz davor waren, die Getränke der langen Nacht wieder von sich zu geben. Die Methoden haben sich inzwischen geändert, Krankls Ansprüche nicht.

Konsequenz und Disziplin lebt er in einer für nicht ganz so straff strukturierte Zeitgenossen nahezu beängstigenden Form vor. Er hat nie geraucht, und auch wenn er in den vergangenen Jahren drauf gekommen ist, dass ein guter Rotwein nichts Schlechtes ist, wird man ihn nie mehr als zwei, drei Gläser trinken sehen. Wenn Vater Krankl früher mit der Straßenbahn fuhr und während der Schulstunden einen von Hansis Freunden vermeintlich schwänzend auf der Straße sah, hielt er den Zug an, öffnete das Fenster und schimpfte hinaus: „Du Rotzbub, warum bist du nicht in der Schule?" Wenn Hans Krankl heute an einer Schule vorbei fährt und Kinder rauchen sieht, bleibt er stehen, lässt die Scheibe herunter und hält einen Vortrag, wie schädlich das ist.

Unpünktlichkeit hasst er, auch wenn sie in entspanntem Ambiente wie dem Urlaub passiert, wo jeder andere ein Auge zudrücken würde. Er nicht. Besucht man ihn etwa in Jesolo und vereinbart am gemütlichen Vorabend für den nächsten Morgen Joggen um acht, steht er um fünf vor acht da und schaut auf die Uhr. Kommt man um eins nach acht, muss man sich das den ganzen Tag anhören, kommt man um zwei nach acht, ist er schon weg.

Noch etwas hat Hans Krankl ins reifere Alter mitgenommen: Seinen großen Kindskopf. Wenn sich die Chance auf einen Streich eröffnet, ist er noch immer wie ein Torjäger, der sofort zur Stelle ist. Als er mit Rapid als Trainer beim Joan-Gamper-Turnier in Barcelona war, wurde vor den Spielen die Mannschaft fotografiert. Der damalige Masseur war bekannt dafür, sich auf jedes Bild dazu zu pressen, und so stand er natürlich auch auf dem Rasen des Nou-Camp-Stadions. Krankl ließ sich alle Fotos kommen, schnitt den Masseur mit einer Schere von jedem einzelnen Mannschaftsbild und klebte ihn 18 Mal auf ein Stück Papier, um ihm die Collage dann eigenhändig zu überreichen. Sein früherer Mannschaftskollege bei Rapid, der Deutsche Bernd Lorenz, hatte ihm einmal gesagt: „Junge, so lange du kindlich bist, bist du jung. Wenn du als Mann aufhörst, kindlich zu sein, wirst du alt." Hans Krankl ist jung geblieben.

Manche, die ihn schon sehr lange kennen, behaupten, er wird seinem Vater immer ähnlicher. Er selbst sieht das nicht so. Aber wenn man sich so ansieht, wie er sein Leben lebt: Klar das Ziel, schnurgerade der Weg, kein Links, kein Rechts, wie das auf Schienen halt nun einmal so ist.

3

DER MIT DEM UR-BISS

Durch das gesamte Leben des Hans Krankl zieht sich eines wie ein roter Faden: Er ist dann am stärksten, wenn man sein ungemein kräftig ausgeprägtes Ego zu bedienen versteht, wenn man ihm das Gefühl gibt, seine nicht immer ganz ernst gemeinte Selbstdiagnose zu teilen, der Größte und Beste aller Zeiten, Völker und Kulturen zu sein. Und es ist bestimmt kein Zufall, dass seine größten Erfolge als Spieler in die Zusammenarbeit mit jenen Trainern fielen, die es perfekt verstanden, das nicht leicht zu spielende Instrument Krankl zum Klingen zu bringen:

Sepp Pecanka und Robert Körner formten ihn vom Talent zum Ausnahmespieler, indem sie seine Stärken stärkten und ihn nicht nötigten, seinen Athletenkörper allzu oft ohne Ball bewegen zu müssen. Karl Schlechta, unter dem er sich mit 41 Saisontoren 1978 den „Goldenen Schuh" als Europas bester Torschütze anziehen durfte, legte mit ihm bei Rapid Trainings-Sonderschichten ein, indem er die Flügelstürmer Hans Krejcirik und Paul Pawlek noch lange nach offiziellem Trainingsende den gierigen Goalgetter mit Flanken bedienen ließ. Lucien Muller, unter dem Krankl bei FC Barcelona spanischer Torschützenkönig wurde, ließ ihn nach Länderspielen stets einen Tag länger in Wien bleiben, weil er um dessen Heimat- und Familienverbundenheit wusste. Otto Baric war in der großen Rapid-Zeit (mit Titelgewinn und Europacupfinale) schlau genug, sich die Reibungsenergie zu Nutze zu machen, die in Hans Krankls Hahnenkämpfen mit Libero Heribert Weber entstand. Salzburgs Kurt Wiebach schließlich erklärte den damals bereits 36-jährigen beim Karriere-Kehraus zum uneingeschränkten Chef, bestand nicht auf einem Training mit der Mannschaft in Salzburg, sondern ließ ihn bis zum Tag vor dem Spiel in Wien bleiben. Und dank der zahlreichen Krankl-Tore schaffte der Deutsche mit Salzburg letztlich den Wiederaufstieg in die 1. Liga.

Hans Krankl hat etwas, vor dem Menschen im normalen Leben zurück schrecken, weil es zu dominant, zu mächtig ist, das im Spitzensport jedoch wohl unabdingbare Voraussetzung ist, um den Gipfel zu erreichen: Ein Selbstbewusstsein und eine Egozentrik, die auf den ersten Blick die Grenzen der sozialen Verträglichkeit zu sprengen scheinen. Bei ihm ist das deshalb besonders ausgeprägt, weil er als Torjäger an der entscheidenden Stelle jedes Fußballspiels, der Mündung ins gegnerische Tor, erster Verantwortungsnehmer war. Das war bei ihm schon von Beginn an so, wie sich Günter Leber, der von klein auf sein Mitspieler war, erinnert: „Ich habe ihm in den sechs, sieben gemeinsamen Jahren sicher 2000 Tore aufgelegt, er mir vielleicht fünf."

Auch Franz Hasil, als Spieler mit Feyenoord Rotterdam Weltpokalsieger und für Krankl der beste Fußballer, den es je in Österreich gegeben hat, muss schmunzeln, wenn er an seine erste Begegnung mit dem jungen Tor-Geier denkt: „Es war ein Vorbereitungsspiel der Nationalmannschaft in Melk, der Krankl ist auf der Seite durchgegangen, ich bin in der Mitte mitgelaufen und stand am Elfer völlig frei. Der hat fast von der Toroutlinie selbst geschossen, und der Ball war drinnen auch noch. Da bin ich zu ihm hin und habe gesagt: Bub, merk' dir eines, dieses Tor zählt nicht." Aber Hasil sagt auch dazu: „Seine Stärke war, dass er nur den Endzweck im Auge hatte. Er hat aus jeder Lage aufs Tor geschossen und schon damals sehr oft getroffen. Er war ein Goalgetter, wie wir in Österreich so schnell keinen mehr finden werden."

Krankl hatte schon als junger Spund, was sein Trainerkollege Werner Gregoritsch den „Ur-Biss" nennt. Dieser erinnert sich an ein Spiel im Juni 1977, bei dem er als junger Spieler auf der GAK-Ersatzbank saß und seine Mannschaft mit 1:11 gegen Rapid untergehen sah: „Der Hans hatte schon fünf Tore geschossen, aber der hat nicht zurück gesteckt. Der wollte immer noch mehr, und im Endeffekt hat er uns dann sieben der elf Stück gemacht. Und immer alles ohne Schnörkel, der hat nicht nach dem fünften Tor mit dem Ferserln angefangen, der hat aufgeschaut, der Tormann hat sich hingelegt und er hat den Ball ins kurze Eck geschossen. Der war eine Tormaschine, eine Torgarantie."

Dieser Mann hatte zweifellos etwas in die Wiege gelegt bekommen. Man könnte sagen, Gott hat seinen linken Fuß geküsst. Aber eine solche Gabe nützt nur dann etwas, wenn man sie auch annimmt. Toni Polster, der zwar mehr Tore im Nationalteam geschossen hat, sich vor Krankl als „bestem Stürmer

Österreichs aller Zeiten" jedoch respektvoll verneigt, formuliert das so: „Die Voraussetzungen, die wir beide hatten, haben viele. Aber es bedarf viel harter Arbeit, großer Besessenheit und mentaler Stärke, um daraus auch etwas zu machen. Man muss der Beste sein wollen mit jeder Faser seines Körpers."

Hans Krankl glaubt mehr an sich als andere an Gott.

Josef Hickersberger, Rapid-Meistertrainer 2005

An der mentalen Stärke hat es Krankl nie gefehlt. Josef Hickersberger, Mannschaftskollege im WM-Team 1978 und einer seiner Vorgänger als Teamchef, weiß, wodurch sich der Torjäger von anderen unterschieden hat: „Das Besondere an Hans war sein Glaube an sich und seine Fähigkeiten. Der war grenzenlos." Und Toni Polster erinnert sich an seine erste Begegnung mit Krankl, als ihn sein Vater als Bub zu einem Spiel Rapid gegen den LASK auf die Pfarrwiese mitnahm: „Er spielte gegen den Karl Rosner, und der war richtig gut und lästig und eng dran, aber in der letzten Minute hat Hans das Siegestor geschossen. Das hat sich in meinem Kopf einzementiert, diese Beharrlichkeit, sich nicht unterkriegen zu lassen, nicht aufzugeben, das hat mich geprägt."

Aber auch die harte Arbeit hat Krankl nie gescheut. Trainer Karl Schlechta, der auf dem Weg zum „Goldenen Schuh" mit ihm die Trainings-Sonderschichten absolvierte, bestätigt das: „Was ich da gemacht habe, war keine Bevorzugung des Hans. Der hat das wirklich gebraucht. Er musste den Ball im Netz zappeln sehen. Sein unbändiger Ehrgeiz war manchmal schon fast zu viel, und er ist bei seinen Kameraden dadurch mitunter auch angeeckt. Aber er war eben ein Siegertyp mit unglaublichem Temperament, der in keinem Spiel, in keinem Training verlieren konnte." Rapid- und Nationalteamkollege Heribert Weber unterstreicht, dass Talent allein viel zu wenig ist: „Der Hans hat sich fast zu Tode geübt, musste unglaublich fleißig sein, dass er so gut geworden ist. Das Talent ist einem schon gegeben, aber dann muss man das so wie Krankl tausende und abertausende Male im Training wiederholen. Wenn man ein besonderer Spieler werden will, muss man immer wieder üben."

Diese ausgeprägte Egomanie, der Beste sein zu wollen, irritiert natürlich den durchschnittlichen Mannschaftskollegen, denn gerade ein Torjäger von Krankls Güte ist in einem Team fast ein Einzelsportler. Hannes Winklbauer erklärt das als ehemaliger Nationalspieler und langjähriger Kapitän von Austria Salzburg so: „Eine Mannschaft ist ein eigenartiges Gebilde. Wenn einer ein Torjäger ist und er trifft zwei Mal, vergibt dazu aber noch zwei Chancen, schimpfen sie ihn, weil er zwei verhaut hat. Wenn sie aber keinen haben, der Tore macht, rutschen sie auf den Knien daher und flehen: Bitte lieber Gott oder lieber Trainer, schaut, dass wir einen bekommen, der ihn rein tut. Krankl konnte sich seinen Egoismus leisten, weil er so gut war und die Tore gemacht hat."

> *Mich wundert, dass ich heute keine Kreuzbeschwerden habe, so oft sind sie mir auf den Buckel gehüpft wegen meines Egoismus.*
>
> *Hans Krankl*

Gregoritsch bestätigt das: „Für mich war Hans Krankl gemeinsam mit Bruno Pezzey und Herbert Prohaska derjenige, der in den 70er-Jahren gezeigt hat, dass man mit der Einstellung, nur locker Fußball zu spielen, nichts werden kann. Dass viele mit dem Tempo, mit dem diese drei erfolgreich sein wollten, nicht mit konnten, ist auch klar. Und es hat sicher auch beim Hans viele gegeben, über die er mit seiner Persönlichkeit so drüber gefahren ist, dass er vielleicht deshalb heute nicht besonders viele Freunde hat. Dabei wäre bei einigen Demut und Dankbarkeit angebracht, weil sie sagen müssten: Was ich geschafft habe, habe ich zu 50 Prozent den Toren von Krankl zu verdanken."

Dass das heute kaum einer sagt, ist aber auch klar. Wenn man auf dem Spielfeld jahrelang von der Befindlichkeit und den Launen eines derart dominanten Gesellen abhängig ist, steht am Ende der Abhängigkeit zumeist ein Befreiungsschlag. Die Ängste und der Zwang sind weg, und dann neigt man dazu, jemanden in der Retrospektive schlechter zu machen, als er war.

Andererseits muss man natürlich auch festhalten, dass es sogar für einen wie Hans Krankl zu viel der Huldbezeugung wäre, wenn jene, die ja auch nicht ganz unbeteiligt an Erfolgen waren, gerannt und gegrätscht sind, gekämpft und geflankt haben, sich in lebenslanger Dankbarkeit ergingen. Denn der typische Torjäger bedankt sich nach seinem Siegestreffer in der 90. Minute auch nicht bei den Kollegen der hinteren Reihen für die Defensivleistung der 89 Minuten davor: „Die großen Goalgetter sind alle gleich", diagnostiziert Hannes Winklbauer: „In ihrem Ehrgeiz, Tore zu machen, trampeln sie über alles drüber, ob das Mit- oder Gegenspieler sind. Und eines darf man auch nicht vergessen: Wenn du auf höchstem Niveau erfolgreich spielen willst, brauchst du in gewissen Momenten eine Psyche der absoluten Rücksichtslosigkeit. Wenn du als Fußballer ein Vollstrecker bist, musst du ähnlich sein wie ein Boxer. Da kannst du auch ein paar Runden ein ästhetischer, eleganter Bursche im Ring sein, aber wenn der Gegner in den Seilen hängt, musst du zuschlagen."

Hans Krankl hatte diesen Killerinstinkt, der auf dem Feld unbestritten eine große Qualität ist. Und er warf als Lichtgestalt nicht nur einen langen Schatten auf Mitspieler, die sich seinetwegen vielleicht zu wenig gewürdigt sahen, er war schon auch Furcht erregend für die Gegner. Kurt Garger, langjähriger Mitspieler bei Rapid, als Angehöriger der „Fraktion" von Heribert Weber jedoch nicht unbedingt Krankls Busenfreund, erinnert sich: „80 Prozent der Verteidiger haben sich angemacht vor ihm. Sein Lieblings-Patient war Norbert Lichtenegger vom Wiener Sportklub, ein großer Dreinhauer vor dem Herrn und einer, mit dem sich sehr viele in der Bundesliga sehr schwer getan haben. Aber wenn der Krankl daher gekommen ist, war nur noch die Frage, schießt er diesmal drei oder vier Tore, weil der Lichtenegger ist, wenn er den Hans gesehen hat, schon unter dem Rasen eingelaufen."

Gegen die Naturgewalt Krankl war aber auch ohne Knieschlottern an manchen Tagen kein Kraut gewachsen, wie Hannes Winklbauer aus leidvoller Erfahrung berichtet: „Es war im Mai 1977, und wir mussten mit Salzburg zu Rapid. Unser Trainer Günter Praschak hat uns im Vorfeld als Auftrag mitgegeben, den Krankl zuzudecken und hat den Karl Hodits als Sonderbewacher abgestellt, der einen Kopf größer war als Hans. Endeffekt der taktischen Überlegungen unseres Alten war, dass wir 0:5 verloren und Krankl vier Tore schoss. Aber da konnte der Hodits nichts dafür, denn es gab, wenn der Hans einen guten Tag hatte, gegen seine Genialität vor dem Tor einfach kein Mittel."

Furcht und Ohnmacht sind hiermit abgehandelt. Aber es gab in dieser Zeit noch ein Motiv, Österreichs Topstürmer nicht halten zu können: Respekt vor seiner Klasse. Ausgerechnet Sepp Pecanka, Krankls Jugendtrainer bei Rapid, war Coach beim

Stadtrivalen Austria Wien geworden und das Stadtderby stand an. Pecanka, der seinen früheren Schützling auswendig kannte, bereitete dessen Bewacher, keinen geringeren als Teamverteidiger Eduard Krieger, auf seine Aufgabe vor:

„Pass auf, Edi, wenn der Hans halbrechts durchkommt, macht er immer den gleichen Haken und legt sich den Ball auf den linken Fuß." Das Derby endete 4:0 für Rapid, alle vier Tore schoss Krankl. Als Pecanka Krieger danach zur Rede stellte, zuckte der nur mit den Schultern: „Schauen Sie, Trainer, was soll ich machen? Jeden anderen hätte ich auf ganz kleine Stücke zusammen geschnitten, aber beim Hansi bring ich das einfach nicht zusammen."

Und das war auch gut so, denn Krieger stand 1978 in Cordoba in jener Mannschaft, die dank Hans Krankl Fußballgeschichte schrieb.

4

BRISANTER DAMENBESUCH

Nachdem Herbert Prohaska am 30. Oktober 1977 mit seinem legendären „Spitz" von Izmir den 1:0-Sieg gegen die Türkei und damit Österreichs erste WM-Teilnahme seit 20 Jahren fixiert hatte, setzte geschäftiges Treiben ein. Unter anderem bemühten sich die Zeitungen des Landes, Nationalspieler für die Zeit der Weltmeisterschaft als Kolumnisten unter Vertrag zu nehmen. Die „Kronen Zeitung" verpflichtete den populärsten: Hans Krankl. Wenige Wochen vor dem Abflug der Nationalmannschaft nach Argentinien wollte der Fußballbund die journalistischen Aktivitäten seiner Protagonisten jedoch unterbinden.

„Krone"-Chefredakteur Michael Kuhn, damals Ressortleiter der Sportredaktion, traf zum Krisengipfel mit Krankl zusammen, um die neue Lage zu besprechen. Denn schließlich waren Verträge unterschrieben, und die größte Zeitung des Landes warb auch bereits mit dem Konterfei des Torjägers für ihre WM-Berichterstattung. Da hatte Krankl die zündende Idee: „Weißt was, Michel", schlug er dem „Krone"-Sportchef vor: „Wenn die stur bleiben, schreib ich einfach unter einem Pseudonym."

Kuhn musste sich mit diesem überraschenden Lösungsvorschlag jedoch nicht ernsthaft auseinander setzen, sondern konnte ihn im Schatzkästchen seiner Lieblings-Anekdoten ablegen, denn der ÖFB zog sein Schreibverbot für die Kicker zurück. Und so durfte sich Krankl als Kolumnist nach dem letzten Länderspieltest vor der WM, einem 0:1 gegen die von Ernst Happel betreuten Niederlande in Wien, erstmals irren: „Spätestens seit dem Spiel gegen Holland weiß ich, dass ich bei dieser WM ein armer Hund sein werde", brachte er pessimistisch zu Papier.

Im Vorfeld der Weltmeisterschaft in Argentinien gab es tatsächlich wenig Grund zum Optimismus, denn intern flogen die Fetzen: ÖFB-Präsident Karl Sekanina, Boss der mächtigen Metallergewerkschaft, schmiedete sein eigenes Eisen und setzte Teamchef Helmut Senekowitsch den legendären Max Merkel als Sportdirektor vor die Nase. Das sorgte gleich einmal für einen atmosphärischen Flächenbrand im Team und Senekowitsch verzichtete mit folgendem Satz auf die Dienste des auch zum Missfallen der Mannschaft angeheuerten Supervisors: „Schau Max, wenn etwas schief geht, hacken sie nur mir den Kopf ab. Das sollen sie aber wegen meiner Fehler tun und nicht wegen deiner guten Tipps."

Dann zogen sich die Prämienverhandlungen für die WM bis wenige Tage vor dem Abflug hin und eskalierten dermaßen, dass ein Spielerstreik ebenso im Raum stand wie die trotzige Beschickung der Weltmeisterschaft mit einem Unter-21-Team durch den ÖFB. Am Ende einigte man sich nach zähen Verhandlungen doch noch auf einen Kompromiss, das „echte" Nationalteam flog nach Argentinien, während Max Merkel noch vor dem ersten Match wieder Richtung Heimat eincheckte: „Ich war bei der Hochzeit nicht dabei, also brauche ich beim Begräbnis auch nicht dabei sein." Als Österreich zwei Wochen später Gruppensieger vor Brasilien und unter den besten Acht der Welt war, ließ die Mannschaft Merkel in Wien einen Kranz zustellen.

Im Umfeld kriselte es also gewaltig, und auch innerhalb der Mannschaft war die Stimmung nicht berauschend. Unmittelbar vor dem Abflug war die Mannschaft schon zu einem Trainingslager in Lindabrunn zusammen gezogen worden, nach der Landung in Buenos Aires hieß es eine Woche warten auf das erste Spiel gegen die Spanier. Wenn man weiß, wie sehr Hans Krankl Kasernierungen hasst, verwundert es nicht, was „Krone"-Redakteur Karl Pointner, der bei der WM unter anderem mit der Krankl-Kolumne betraut war, schon vom Hinflug zu erzählen weiß: „Ich war damals noch per Sie mit ihm und habe mich kurz vor der Landung in Buenos Aires zu ihm hin gewagt und gefragt: »Herr Krankl, freuen Sie sich schon?« Seine Antwort war: »Ich freue mich, dass wir endlich da sind, weil endlich bald das erste Spiel ist und wir einen Tag früher wieder daheim sind.«" Pointner heute: „Damit ist auch der typische Wiener Krankl gekennzeichnet, der schon Heimweh nach der Bundeshauptstadt verspürt, wenn er die Ortstafel St. Pölten sieht."

Wobei natürlich noch etwas dazu kam: In Argentinien herrschte 1978 eine Militärdiktatur unter General Jorge Raffael Videla, genannt „Der Knochen", und im Vorfeld des Turniers hatte es bereits zwei blutige Anschläge von Regimegegnern gegeben: Zuerst war der Vorsitzende des WM-Organisationskomitees Carlos Actis ermordet worden, drei Wochen vor WM-Start detonierte eine Bombe im internationalen Pressezentrum und forderte zwei Todesopfer. Und die argentinische Widerstandsorganisation kündigte auch für die Zeit während der WM Terroranschläge an. Einer ihrer Anführer drohte vom Exil in Rom aus mit „Blut und Terror" während der Weltmeisterschaft.

So kam es, dass nicht nur alle Orte, an denen WM-Teilnehmer untergebracht waren, großen Truppenübungsplätzen glichen, sondern dass viele auch von sich aus Sicherheitsmaßnahmen ergriffen. Deutschland gab bekannt, dass Mitglieder der Anti-Terror-Einheit GSG 9 die Mannschaft begleiten würden, Frankreichs Sportminister Jean-Pierre Soisson ordnete die Begleitung von zehn speziell ausgebildeten Polizei-Scharfschützen für die Mannschaft an. Aber Argentiniens Militärjunta untersagte die Einreise von Bewaffneten. Damit wuchs zum Beispiel der deutsche Begleit-Tross auf wundersame Weise an: So landeten „DFB-Mitarbeiter", gekleidet in Trainingsanzüge, in Buenos Aires, die acht Monate zuvor auf dem Flughafen von Mogadischu noch die Geiseln aus der Lufthansa-Maschine „Landshut" befreit hatten.

Das Österreicher-Quartier in Moreno, etwa 35 Kilometer außerhalb der Hauptstadt, war ein von fast 500 Soldaten hermetisch abgeriegeltes Gewerkschafts-Erholungsheim. Es war dies die Zeit, in der Terror-Organisationen wie die Roten Brigaden in Italien und die RAF in Deutschland eine blutige Spur in Europa zogen. Weil in Wien Waltraud Boock, die Ehefrau eines RAF-Terroristen, der in Entführung und Ermordung des deutschen Arbeitgeberpräsidenten Hanns-Martin Schleyer involviert war, wegen eines Banküberfalls inhaftiert war, wurde Moreno hermetisch abgeriegelt: „Da waren sogar Schützengräben davor", erinnert sich „Kurier"-Redakteur Wolfgang Winheim. Wenn die Österreicher mit dem Bus von Buenos Aires ins Quartier fuhren, wurde dem Fahrer die jeweilige Route erst per Funk mitgeteilt. Und im Bus war ein Begleiter, der nicht nur eine Waffe am Hüftgurt trug, sondern auch noch eine vorne in der Ablage liegen hatte.

Wenn ich ehrlich sein soll: Es gefällt mir hier nicht.
Aber es ist eben notwendig, dass ich hier bin.

Hans Krankl in seiner „Krone"-Kolumne am 30. Mai 1978

„Diese WM hat alles andere als schön begonnen", erzählt Hans Krankl: „Die Stimmung war schlecht, die Spannungen sind immer stärker geworden, es ist gestritten und am Abend verbotenerweise auch länger sitzen geblieben worden. Bis zum ersten Match herrschte eine äußerst aggressive Grundstimmung." Und die wurde auch nicht besser, als Helmut Senekowitsch drei Tage vor dem ersten Gruppenspiel gegen Spanien seinen Abschied als Teamchef nach der WM bekannt gab. Er hatte die Behandlung durch Sekanina und die fortgesetzten Querschüsse von Merkel aus der Heimat endgültig satt. Dieser kritisierte unter anderem, dass Senekowitsch den Donawitzer Zweitliga-Kicker Walter Schachner anstelle der launischen Innsbrucker Diva Kurt Welzl mit nach Argentinien genommen hatte – auch in einem „Spiegel"-Interview, das durchaus Amüsantes zum Thema beinhaltete:

„Wir Österreicher haben den Innsbrucker Stürmer Kurt Welzl draußen gelassen, weil er ein Lauser ist. Ich habe oft Lauser im Team gehabt, die ab und zu vom Roulettetisch geholt werden mussten oder irgendwo auf einer Mutter in Schlaf gekommen waren ... Aber Banditen wie Welzl schießen wenigstens ab und zu ein Tor. Die Funktionäre, die da auf Verbandskosten am Rio de la Plata oder hoch oben in den Anden sitzen, wissen manchmal nicht einmal, auf welches Tor ihre Mannschaft gerade spielt."

Aber Welzl benötigte Merkels Fürsprache nicht, er bekam auch ohne WM einen Vertrag in Holland bei Alkmaar, und Senekowitsch behielt mit der Mitnahme des Hochofen-Buben Schachner, der in Donawitz als Werkselektriker arbeitete und für die WM drei Monate unbezahlte Karenz genommen hatte, auch Recht. Denn im Spiel gegen die vom ehemaligen Weltklasse-Fußballer und Barcelona-Star Ladislao Kubala betreuten Spanier wurden dessen freche Prognosen vor der Partie bitter bestraft: „Wir Spanier brauchen keine Angst zu haben. Österreich spielt ja ohne Stürmer." Der Endstand war 2:1 für Österreich, die Torschützen hießen Walter Schachner und Hans Krankl, beides Stürmer. Und weiter ging das muntere Mäulerstopfen der Großsprecher: Denn Schwedens Teamchef „Aby" Ericson sah sich im Vorfeld des zweiten Gruppenspiels zur Diagnose bemüßigt: „Krankl beispielsweise ist gut, aber kein Phänomen." Der Endstand war 1:0 für Österreich, der Torschütze hieß Krankl. Und auf der Anzeigetafel im Stadion leuchtete auf: „Austria qualificado."

Schon vor dem letzten Gruppenspiel gegen Brasilien waren die Österreicher für die Runde der letzten Acht qualifiziert. Im Vorfeld war darüber spekuliert worden, ob Brasilien das letzte Gruppenspiel gegen die „Austriacos" freiwillig verlieren würde, um in der nächsten Runde den Argentiniern auszuweichen. Jetzt mussten die Fußball-Riesen vom Zuckerhut unbedingt gegen die Alpenzwerge gewinnen, um nicht in der Vorrunde aus der WM zu fliegen: „Sportlich gesehen", sagt Hans Krankl heute, „war das die viel größere Sensation als das Spiel gegen die Deutschen. Man muss sich das bitte vorstellen: Österreich wird vor Brasilien Gruppensieger und schickt Spanien heim."

Einer hatte das vorher geahnt: Chefkoch Georg Pesek, der schon vor der WM die Lebensmittel für vier Wochen dimensionierte und im letzten Abdruck noch 80 Kilogramm Kalbfleisch nach Argentinien nachgeschickt hatte: „Weil ich weiß, dass wir unter den letzten Acht sein werden." Während Pesek glaubte, sich um Wesentliches gekümmert zu haben, wurde er aus der fernen Heimat eines Besseren belehrt. Denn während ganz Österreich so verblendet war, über die hervorragende Performance der Fußballer zu jubeln, behielt das Sozialministerium den Überblick und kümmerte sich um wirklich Wichtiges: „Unter welchen rechtlichen Grundlagen", hieß es in einer dringlichen Anfrage an den ÖFB, „wurde der Chefkoch des Handelsministeriums, Georg Pesek, von seinem Arbeitsplatz abgezogen und dem Fußball-Team zugeteilt?" Dessen knappe Antwort lautete: „Indem er seinen Gebührenurlaub konsumiert." Österreich ist schon ein lustiges Land.

Und lustig hatten es die Teamkicker nach dem Schweden-Spiel auch bei der anschließenden „Asado", einem argentinischen Grillfest, wo zum Duft riesiger Steaks und zum Klang der Mariachi-Geigen im Quartier ausgelassen gefeiert wurde. Als Helmut Senekowitsch und sein Assistent Georg Schmidt zum Zapfenstreich bliesen, gingen sechs Spieler nicht zu Bett, sondern kehrten nach einer Alibi-Runde um den Schlafblock wieder zurück zum Fest: Hans Krankl, Herbert Prohaska, Willi Kreuz, Edi Krieger, Erich Obermayer und Reservist Ernst Baumeister. Weil es aber nichts mehr zu trinken gab, begann Hans Krankl auf Kroatisch zu fluchen – und hatte das Pech, dass eine Serviererin

Kroatin war. Plötzlich stand ein Sicherheitsbeamter mit gezogener Pistole da, und die fröhliche Runde war plötzlich sehr kleinlaut. Als die Situation bereinigt und das Schlussgetränk beordert war, erschien jedoch auf einmal der Teamchef, der nach einer Zimmerkontrolle das Fehlen der lustigen Sechs bemerkt hatte. Nachdem er binnen Sekunden erfasst hatte, dass er nicht fünf seiner wichtigsten Spieler disziplinär verfolgen konnte, fixierte er Ernst Baumeister, der ihm kadertechnisch am entbehrlichsten schien, und brummte: „Ernstl, wir zwei sprechen uns morgen."

Nicht so lustig waren die folgenden drei WM-Spiele: Das 0:1 gegen die Brasilianer reichte dennoch zum Gruppensieg, in der schweren Europäer-Gruppe mit Holland, Italien und Deutschland setzte es danach aber gegen die Niederländer gleich einmal ein 1:5 und gegen Italien ein 0:1. Während in Österreich dann das letzte Spiel gegen Deutschland wochenlang Schlagzeilen machte, hatte die internationale Presse schon davor eine Geschichte aus dem rot-weiß-roten Lager um die Welt geschickt, die ungleich griffiger war als ein Gekicke gegen Germanen: Einen vermeintlichen „Sex-Skandal" im Österreicher-Quartier, der in Wahrheit lediglich eine patscherte Inszenierung war.

Die Vorgeschichte war die gewesen, dass Hans Krankl nach geschaffter WM-Qualifikation bei einer Veranstaltung in der Wiener Stadthalle der „Ersten Österreichischen Spar-Casse" die Zusage entrissen hatte, alle Spielerfrauen auf Kosten der Bank zur Weltmeisterschaft nachkommen zu lassen, falls Österreich die zweite Runde erreichen sollte. Das war nun passiert, und die Sehnsucht des Familienmenschen Krankl nach Vertrautheit hatte bereits kaum noch erträgliche Ausmaße erreicht. Über die „Krone" sandte er in immer kürzeren Abständen zwischenmenschliche Botschaften nach draußen: „Die Gewissheit, dass unsere

Frauen und Bräute am Dienstag hier ankommen, hat sicherlich verhindert, dass in Moreno ein Lagerkoller entsteht." Und nur drei Tage später erklomm er den dramaturgischen Gipfel: „Die Frauen sind die Rettung dieser Weltmeisterschaft für uns."

In Wahrheit missriet der Damenbesuch zum Desaster. Es begann schon damit, dass die erwartungsfrohen Herren nach der ohnehin wenig stimulierenden 1:5-Schlappe gegen Holland wegen Nebels nicht aus Cordoba heim fliegen konnten und die Frauen und Freundinnen im Hotel „Libertador" in Buenos Aires umsonst der Liebsten harrten. Und als sie am nächsten Abend doch kamen, musste Erika Senekowitsch, die Teamchef-Gattin, die Botschaft überbringen, dass es die ÖFB-Funktionäre nach dem Holland-Debakel als unangemessen erachten würden, wenn die Damen die Nacht bei den Verlierern im Mannschaftsquartier verbrächten.

Aber Teamchef Helmut Senekowitsch war schlau genug, um zu wissen, dass diese Enthaltsamkeits-Order nicht zu exekutieren war, und so vereinbarte er streng geheim mit den Spielern folgende Variante für die Öffentlichkeit: Offiziell wurden die Frauen zurück nach Buenos Aires gebracht, in Wahrheit durften sie aber in Moreno ihre Herzbuben wärmen. Auch die Kolumnisten unter den Spielern schworen sich auf die Notlüge ein, aber wie immer in solchen Fällen kam der Schwindel auch diesmal recht rasch auf. Weil Damenbesuch zu jener Zeit wirklich noch etwas Außergewöhnliches war, hatte die WM dank Österreich ihre „Sex-Affäre", die weltweit Schlagzeilen machte.

Damit hatte der österreichische Teamchef nicht gerechnet. Auf der einen Seite war er dem internationalen Schlagzeilen-Trommelfeuer ausgesetzt, von der anderen Seite rollte der geballte Groll der ÖFB-Funktionäre auf ihn zu, deren Anordnung er zum Wohle seiner Schutzbefohlenen missachtet hatte. Und die heimischen Journalisten waren sauer, dass ihre prominenten Kolumnisten zum Lügen vergattert worden waren und die bis dahin beste nichtsportliche Geschichte der WM, noch dazu aus dem eigenen Lager, an ihnen vorübergezogen war. Er sah sich in einer Art Notwehr-Aktion gezwungen, die Frauen nach dem Italien-Spiel diesmal tatsächlich zurück nach Buenos Aires zu schicken und hatte dadurch auch noch die Spieler am Hals, allen voran Hans Krankl, der die Anwesenheit von Ehefrau Inge so sehr herbei gesehnt hatte. Wortgefechte bis in die Morgenstunden mit Androhung von Handgreiflichkeiten sollen diesen Senekowitsch-Entscheid begleitet haben.

Alles in allem war das ein außergewöhnliches Vorspiel zum damals von niemandem mehr erwarteten rot-weiß-roten WM-Orgasmus.

5

ARMER HUND, TOTER HUND

Wem diese Turbulenzen im österreichischen Lager außerordentlich gelegen kamen, waren die deutschen Massenmedien, die mit schlüpfrigen Schlagzeilen wie der folgenden auf dem Parkett des guten Geschmacks ausrutschten: „Österreichische Spielerfrauen wollen keine Versager – Sex erst nach dem Sieg!" Eine boulevardeske Häme, die angesichts der kargen deutschen WM-Darbietungen nicht angebracht war, die jedoch ihren Zweck noch erfüllen sollte. Denn die Österreicher waren nach den drei Niederlagen in Folge, dem Streit mit Senekowitsch wegen der Frauen und der wochenlangen Kasernierung in Wahrheit nicht mehr interessiert an dieser Partie. Hans Krankl bringt die damalige Einstellung eines Gutteils der Truppe auf den Punkt: „Spielen wir halt noch gegen die Piefkes – und dann fahren wir heim."

Er, der sich selbst voraus gesagt hatte, bei der WM ein „armer Hund" zu sein, fulminant gestartet, aber nach dem 1:5 gegen die Holländer bereits knapp davor gestanden war, auf der Ersatzbank zu landen, wollte in Wahrheit nur noch weg. Bis eines Tages Journalisten mit gefaxten Stories aus deutschen Medien bei den Spielern auftauchten, vor allem mit einer, in der „BILD" die deutsche und die österreichische Mannschaft kurz vor der Partie in Cordoba gegenüber gestellt und bewertet hatte: „11:0 für Deutschland!", stand da in dicken Balkenlettern zu lesen.

Nicht ich, die Deutschen
waren vor diesem Spiel die Motivation.

Helmut Senekowitsch, WM-Teamtrainer 1978

Dass auch noch Tormann-Legende Sepp Maier mit einem kecken Spruch zitiert wurde, tat ein Übriges, um die müden Krieger wieder munter zu machen: „Zu einem Duell Maier gegen Krankl wird es in Cordoba nicht kommen, weil ihn unser Vorstopper Rüssmann vorher abmontieren wird." Ein Duell in dem Sinn war es dann auch nicht, denn dabei haben die Kontrahenten in der Regel annähernd gleiche Chancen. Maier hatte gegen Hans Krankls zwei Klassetore zum 3:2-Sieg keine. Und Rüssmann, bis dahin einer der besten deutschen Spieler im Turnierverlauf, endete durch die Treffer Krankls als tragische Figur.

Daheim in Österreich wurde dieser Sieg gegen die Deutschen auch als Befreiungsschlag nach 47 erfolglosen Jahren gefeiert. Am 13. September 1931 hatte das so genannte Wunderteam den großen Gegner mit 5:0 aus dem Wiener Stadion gefegt, seither war nichts mehr zu erben gewesen. In 90 argentinischen Minuten, so der Grundtenor der Kommentatoren in der Heimat, wurde die Schmach eines halben Jahrhunderts getilgt. Ein Match fiel in dieser Statistik allseits unter den Tisch: Das so genannte „Versöhnungsspiel" am 3. April 1938 vor 60.000 Zuschauern in Wien, bei dem der auf tausend Jahre angelegte Wahnsinn für 90 Minuten Pause hatte. Denn Matthias Sindelar, Karl Sesta und Kollegen widersetzten sich dem sportlichen Tagesbefehl und schlugen als „Ostmärker" die deutsche Mannschaft 2:0.

Aber an jenem Junitag des Jahres 1978 war etwas anderes als Fußball-Historie viel bedeutender: Das mythossüchtige Österreich durfte sich über die Geburt eines neuen Nationalhelden freuen. Hans Krankl war in dem Augenblick nicht mehr Fußballer, sondern Fleisch gewordene Überwindung des österreichischen Minderwertigkeitskomplexes. Sein linker Fuß hatte nicht zwei Tore geschossen, sondern die nationale Sehnsucht exekutiert, den Deutschen in den Hintern zu treten.

Die Radio-Legende Edi Finger, übrigens einer, der vor der Partie im Journalistenkreis vehement die Nicht-Nominierung Krankls gefordert hatte, schlug im Äther verbale Purzelbäume und wurde „narrisch", in Österreich entfachten die beiden Klassetore des „Hansi-Burli" (O-Ton Finger) eine Euphorie, die weniger emotionalisierte Berichterstatter vor Ort jedoch erstens nicht in der Weise teilen und zweitens zunächst nicht in der Dimension erfassen konnten.

„Dieses Spiel wurde zu einem Mythos, der es eigentlich nicht war", sagt „Krone"-Mann Karl Pointner: „Auch der Krankl war in Wahrheit austauschreif, und Teamchef Senekowitsch hat später einmal gesagt, er wollte ihn auch schon raus nehmen, war aber so zornig auf ihn, dass er beschlossen hat, er soll das Dilemma strafweise bis zum Schluss durchstehen. Und wie es das Schicksal so will, ist er dadurch zum Helden geworden."

Ich freue mich, ich bin stolz drauf,
und auf meine Hauptrolle stehe ich.
Das ist Geschichte, das ist Mythos, das ist Kult.

Hans Krankl über Cordoba

Wolfgang Winheim vom „Kurier" ergänzt: „Wir vor Ort haben die ganze Tragweite gar nicht erfasst, wurden erst von Wien darauf aufmerksam gemacht, welche Euphorie das ausgelöst hat." Er war einer derjenigen, der nicht gleich zurück nach Österreich, sondern mit einem Teil der Mannschaft noch in Kurzurlaub nach Rio flog und dort an der Copacabana sein wundersames Erlebnis hatte: „Da kickten brasilianische Buben am Strand und plötzlich hörte ich, wie sich die Koncilia, Obermayer, Krankl nannten – es ist unvorstellbar, wie bekannt wir damals waren."

Es war sogar so, dass in Spanien nach dem letzten Gruppenspiel heller Aufruhr herrschte, weil man Österreich unterstellte, absichtlich gegen Brasilien verloren zu haben. Das ist aus der Warte heutiger Kräfteverhältnisse betrachtet so absurd, dass man es kaum glauben kann.

Hans Krankl jedenfalls bekam in diesen Momenten in der Kabine nicht mit, dass er soeben zu einer nationalen Allzeit-Größe im Fußball aufgestiegen war. Zu sehr ging er in der Schadenfreude auf, es den großmäuligen Deutschen gezeigt zu haben. Karl Pointner, nach dem Match in der Kabine der Österreicher, weiß: „Er hat damals nur begriffen, dass wir kleines Österreich die goscherten, überheblichen Deutschen mit auf den Weg nach Europa nehmen. Nur das hat ihn interessiert." Wobei Krankl mit seinem „Opfer" noch am meisten Mitleid hatte: „Der Rolf Rüssmann wurde dann geprügelt, aber das ist ein hoch anständiger Sportsmann, der an mir zerbrochen ist, weil er zwei Mal nicht aufgepasst hat. Er ist nach dem Spiel weinend zu mir gekommen, hat mir gratuliert und ich habe ihm mein Leiberl gegeben: Da hast du es, für die Ewigkeit." Damit sprach Krankl etwas aus, was ihm in diesem Moment selbst noch gar nicht bewusst war: Dass diese beiden Tore gegen Deutschland an diesem Tag seinen Platz in der Ruhmeshalle des Fußballs reserviert hatten.

Helden leisten bei besonderen Ereignissen Besonderes. Krankls Tore in Cordoba waren nicht irgendwelche Treffer, sondern absolute Weltklasse-Tore, die kaum ein Stürmer schießt.

Heribert Weber, Rapid- und Nationalteam-Kollege

Und nach all den großkotzigen Vorfeld-Wortspenden aus dem Lager der Gegner konnte sich auch Krankl eine nicht verkneifen: „Deutschland hat Glück gehabt, dass ich heute nicht in Form war", höhnte er. Die deutschen Medien verarbeiteten das Faktum, dass der Österreicher Hans Krankl die großen Deutschen heim geschickt hatte, auf ihre Art. So bedauerte die Münchner „tz": „Alles wäre anders gekommen, wenn wir statt dem Habsburger dem Krankl rechtzeitig die deutsche Staatsbürgerschaft verliehen hätten." Ein hübscher Gedanke, aber eher würde Demi Moore Obfrau bei den Goldhauben von Attnang-Puchheim werden als Hans Krankl Deutscher.

Wobei Krankl jede Aversion gegen den Nachbarn bestreitet: „Das wird immer nur aufgebauscht, weil ich der Killer bin und sie heim geschickt habe." Für ihn, so behauptet er, ist das wie mit dem kleinen Bruder, der immer probiert, dem großen ein Haxel zu stellen: „Das gelingt zwar nur alle 25 Jahre, aber das ist unsere Aufgabe, dafür leben wir als Fußballer." Dass er Deutschland wie einen großen Bruder lieb hat, ist jedoch schwer zu glauben, denn sonst hätte sich in seiner Ära als Teamchef nach dem Spiel gegen die Deutschen nicht jene Episode zugetragen, die Nationalspieler und Ex-Deutschland-Legionär Didi Kühbauer mit leuchtenden Augen erzählt: „Er kam nach dem Match zu mir und fragte: »Hast du jemandem gesagt, dass er nicht Leiberl tauschen soll?« Sage ich: »Ja, aber es tut eh jeder so wie er glaubt.« Sagt er: »Ab jetzt bist du meiner.«" Warum Kühbauer das getan hat, sagt er auch dazu: „Ich tausche grundsätzlich kein Leiberl, aber mit den Deutschen schon gar nicht, weil die uns immer verarschen. Die könnten mich hauen, und ich würde kein Trikot von ihnen nehmen."

Mit dieser Einstellung ist er bei Krankl gerade richtig. Dem schwellen nämlich bei diesem Thema die Adern: „Ich bin ein Kämpfer für mein Land und ich lasse mir das nicht bieten, zu keiner Zeit, dass sie uns lächerlich machen als Hirschen, Ösis und Operettenligisten. Ich lasse nicht zu, dass einer auf mein Land, auf meine Fußballer, auf mich los geht. Ich behaupte, der österreichische Spieler ist genau so gut wie der deutsche. So viele wie den Andreas Herzog hat es in der deutschen Bundesliga nicht gegeben. Ich lasse mir nicht bieten, dass sie uns abkanzeln." Und wenn Hans Krankl einmal in Fahrt ist, sollte man ihn auch nicht stoppen: „Der österreichische Trainer wird nirgends anerkannt, weil wir ein Punkt auf der Landkarte sind. Was können deutsche Trainer besser, was wissen sie mehr als Kurt Jara, Herbert Prohaska oder ich? Wo hat der Hitzfeld gespielt, wo der Daum? Wer bestimmt das, dass die besser wären?"

Wer jetzt noch rätselt, was Hans Krankl einst in Cordoba nach langer Vorlaufzeit im Spiel letztlich doch noch befähigt hat, Deutschland sehr weh zu tun, ist selbst schuld.

Mindestens so interessant wie die Motive des Hans Krankl sind jedoch die Auswirkungen seiner Taten von Cordoba. In der „Presse" schrieb Gastautor Egyd Gstättner zu diesem Thema: „Die beiden Tore, mit denen unser Goleador in jener denkwürdigen Schlacht im argentinischen Cordoba, einer Stadt, die offenbar eigens für diesen Zweck erfunden und erbaut wurde, Deutschland besiegte, sind nicht nur Sportgeschichte, sondern wirklich als historisches Selbstbefreiungserlebnis einer Nation, als der eigentliche Austrian Independence Day, als eine Art absurde Rückgängigmachung von 1938 genommen worden. So eine Heldentat vergisst man nicht, so eine Heldentat macht das Heldenleben vor und nach der Tat irrelevant, und der Bundespräsident wird kommen, der jenen 21. Juni eines Tages zum Nationalfeiertag erklärt."

Nur einer kann es sich leisten, diesen Tag zu relativieren, und das ist der Held selbst: „Cordoba war für mich das Sprungbrett zur internationalen Karriere. Es war der Unterschied zwischen Valencia und Barcelona. Das war's."

Es bleibt dennoch bestehen: Cordoba ist gleich Krankl ist gleich Cordoba. Ob er will oder nicht. Aber er will ohnehin, und sein Understatement kann er sich locker leisten, weil er weiß, dass bestehen bleibt, was in nationalem Interesse bestehen bleiben muss. Es ist ein bisschen wie mit Ingrid Bergman und Humphrey Bogart in „Casablanca", wo das immerwährende Sehnen an die Stelle der Erfüllung tritt. Und wenn Österreich wieder einmal ein halbes Jahrhundert auf einen Sieg gegen die Deutschen warten muss, ist das nicht so schlimm, denn:

Uns bleibt immer Cordoba.

Als „armer Hund“ war Hans Krankl nach Argentinien angereist und biss die großen Deutschen aus ihrem WM-Quartier.

Dieses hieß übrigens Ascochinga, was angeblich so viel bedeutet wie „Toter Hund.“

6

MÉS QUE UN CLUB

Die Ouvertüre zu jeder Meisterschaft in der spanischen Primera División ist in Barcelona das Joan-Gamper-Turnier, veranstaltet zu Ehren des Vereinsgründers. Hans Gamper, ein damals 22-jähriger Schweizer aus Winterthur, zwecks beruflicher Ausbildung zum Kaufmann als Buchhalter bei der Crédit Lyonnais in Barcelona gelandet, wollte auch in der neuen Umgebung auf seine Passion, den Fußball, nicht verzichten und schaltete deshalb im Oktober 1899 in der Zeitschrift „Los Deportes" folgende Kleinanzeige: „Senor Gamper möchte Fußballspiele organisieren. Interessenten werden gebeten, sich in der Redaktion zu melden." Dermaßen unspektakulär begann die fesselnde Geschichte eines Vereins, der 100 Jahre später nicht nur eine äußerst imposante Titelsammlung, sondern auch mehr als 100.000

Mitglieder haben sollte, darunter mit der Clubkarte Nr. 108.000 auch einen Herren namens Karol Wojtyla – wesentlich bekannter als der im Jahr 2005 verstorbene Papst Johannes Paul II.

Barcelona ist mehr als ein Klub. „Mas que un club", wie man auf Spanisch sagen würde. Aber das sagt man nicht. Man sagt „Més que un club." Das heißt dasselbe, ist aber Katalanisch, und das ist in diesem speziellen Fall besonders wichtig.

Denn die Geschichte des FC Barcelona ist auch die Geschichte der Leiden unter der Franco-Diktatur, der Auflehnung gegen den kastilischen Zentralismus und der bei vielen immer noch hasserfüllten Rivalität mit Real Madrid. Eine Geschichte, die im Jahr 1925 ihren Anfang nahm. Hans Gamper, der als Spieler zwischen 1899 und 1903 in 48 Partien mehr als 100 Tore schoss, war längst vom Geschehen auf dem Rasen in leitetende Klubfunktionen gewechselt und am 1. Juni 1924 zum bereits fünften Mal Präsident des Vereins geworden. Als sich im Dezember 1925 ein englischer Flottenverband mit fußballbegeisterten Matrosen im Hafen von Barcelona befand, setzte man ein Freundschaftsspiel im erst zwei Jahre jungen Stadion „Les Corts" an. Zuerst spielte man die englische Hymne, danach die spanische, und die wurde von den nach Autonomie strebenden Barcelonesen mit gellenden Pfiffen begleitet. Auf der Tribüne saß Generaloberst Milans del Bosch, der spanische Befehlshaber für Katalonien. Die Pfiffe hatten gravierende Folgen: Denn del Bosch ordnete die Sperre des Stadions für sechs Monate an, und Gamper wurde vom Militärregime des Generals Miguel Primo de Rivera als Klubchef abgesetzt und aufgefordert, für mindestens drei Monate das Land zu verlassen. Zudem musste er sich verpflichten, sich nie wieder um das Präsidentenamt beim FC Barcelona zu bewerben.

Zwar wurde „Barca" 1929 erster Meister der neu gegründeten Primera División, aber dennoch trug man in den folgenden Jahren mehrfach Trauer. Hans Gamper, der sein in New York angelegtes Geld im Zuge der Weltwirtschaftskrise praktisch über Nacht verloren hatte, erschoss sich am 30. Juli 1930 mit 52 Jahren in seinem Haus in Barcelona. Tausende Menschen folgten dem Trauerzug vom Campo de les Corts bis zum Friedhof von Montjuic. Einer seiner Nachfolger als Barcelona-Präsident, der Abgeordnete der ERC („Esquerra Republicana Catalana") Josep Sunyol, wurde im Bürgerkrieg von Truppen des späteren Diktators Francisco Franco 1937 hingerichtet. Die Barca-Mannschaft ging damals sogar ins Exil nach Mexiko. Nach dem Ende des Bürgerkrieges ordnete Franco die Änderung des Vereinswappens wie auch des Namens in „Club de Fútbol Barcelona" an. Der Bürgerkrieg war beendet, der Fußballkrieg zwischen Real Madrid und Barcelona mit der Franco-Diktatur eröffnet, und wiederholt hatten die Katalanen unter der „dunklen Seite der Macht" zu leiden.

So im Jahr 1943, als Polizisten vor einem Match gegen Real die Barcelona-Spieler in der Kabine bedrohten und sie unmissverständlich darauf hinwiesen, wer als Sieger hervorzugehen hätte. Real Madrid gewann dieses Spiel mit 11:1.

So im Jahr 1953, als Barcelona den argentinischen Weltklassefußballer Alfredo di Stefano verpflichtete. Reals Präsident Santiago Bernabeu, Namensgeber für die weltberühmte Fußball-Arena, intervenierte beim Verband, und di Stefano, der bereits Freundschaftsspiele in Blau-Rot absolviert hatte, wurde nach Madrid umdirigiert und begründete Reals Dominanz im spanischen und europäischen Fußball zwischen 1956 und 1960 mit vier spanischen Meisterschaftsgewinnen und fünf Europacup-Siegen mit. Spaniens Verbandspräsident war damals übrigens Sancho Davila, Neffe jenes Diktators Primo de Rivera, der 28 Jahre davor das Barcelona-Stadion zugesperrt und Hans Gamper des Landes verwiesen hatte.

Und so auch im Jahr 1967, als Referee Ortiz de Mendibil im Bernabeu-Stadion insgesamt zehn Minuten nachspielen ließ, so lange, bis Real das 1:0 gegen Barcelona geschossen hatte.

Wobei man eines festhalten muss: Real wurde aufgrund seiner sportlichen Erfolge vom Regime vergewaltigt, das Image der Diktatur im Ausland aufzupolieren. Denn es war ursprünglich die Mannschaft der Linken und Republikaner in Madrid, die erst nach dem Sieg der Faschisten 1939 vom Regime „adoptiert" wurde. Der eigentliche faschistische Klub in der Hauptstadt war Atletico Madrid, hervorgegangen aus dem Luftwaffenverein des Spanischen Bürgerkrieges, Athlético Aviacion, dessen Anhänger zunächst auch Franco gewesen war, ehe sich der General in den Triumphen der „Königlichen" zu sonnen begann.

Der einstige gemeinsame Kampf gegen den Faschismus war jedenfalls vergessen, Real Madrid wurde auch und vor allem für Barcelona zum Symbol Franco-Spaniens – und das 1957 eröffnete Nou-Camp-Stadion nicht nur zur Begegnungsstätte sportlicher Wettkämpfe, sondern auch zum Refugium der republikanisch gesinnten Katalanen, die, geschützt durch die Anonymität in einer 120.000 Menschen fassenden Arena, in Gesängen und mit Fahnen etwas ausleben konnten, das diktatorisch von Madrid aus untersagt war. Wolfgang Muno schreibt im Buch „Abseits denken" (Agon Verlag, 2004): „Jede Partie zwischen Real und Barca wird damit zur symbolischen Fortsetzung des spanischen Bürgerkriegs, jedes Tor von Real zu einem weiteren republikanischen Märtyrer, jedes Tor von Barca zu einem toten Faschisten, jeder Sieg von Barca zur Revanche für den verlorenen Bürgerkrieg – leider nur für eine Saison." Carlos Rexach, von 1967 bis 1981 Spieler der Blau-Roten und eine lebende Barca-Legende, beschrieb das in einem Interview 1984 so: „Als die Katalanen keine politischen Parteien, keine regionale Regierung und kein Recht hatten, ihre eigene Sprache zu sprechen, haben sie all ihren kulturellen Stolz in den FC Barcelona gelegt. Bei einem Barca-Spiel konnten die Menschen auf Katalanisch schreien und ihre traditionellen Lieder singen, was sie zu dieser Zeit nirgendwo anders tun durften."

Obwohl sich die Vereinsführung, beginnend bei Hans Gamper, bis in die heutige Zeit kaum offen politisch deklariert hat, ist der Fußballklub FC Barcelona das Symbol für das Selbstbewusstsein der Katalanen schlechthin. Der Schriftsteller Manuel Vazquez Montalbán beschreibt das so: „Barca ist ein Identitätsträger des katalanischen Volkes, und der in ganz Spanien wieder erstarkte Antizentralismus sucht überall nach Identitätszeichen, egal wie und welcher Art."

Die unselige Ära der Franco-Diktatur ist längst Geschichte, aber nur wer die politische Geschichte des FC Barcelona kennt, kann auch den sportlichen Ehrgeiz dieses Weltklubs richtig verstehen. Dass Johan Cruyff, Diego Maradona, Romario, Ronaldo oder Ronaldinho geholt wurden, hängt mit dieser historischen Rivalität mit Real Madrid zusammen, mit dem ständigen Bestreben, königlicher als die Königlichen zu sein.

Dieses Bestreben hatte auch der im Jahr 1978 als erster auch von den Mitgliedern gewählte Barcelona-Präsident Josep Lluis Nunez, als es darum ging, nach dem Abgang des holländischen Superstars Johan Cruyff zu New York Cosmos einen neuen besonderen Spieler nach Katalonien zu holen.

Lange überlegte man in Barcelona hin und her, wer dem niederländischen „Fußballgott" nachfolgen könnte, aber dann, am 21. Juni 1978, als weit weg in Argentinien der deutsche Verteidiger Rolf Rüssmann mit einem österreichischen Leiberl mit der Nummer 9 weinend das Feld verließ, ging alles sehr schnell. Die Dame im Barca-Sekretariat musste auf die Schnelle Flugtickets nach Wien bestellen, wo in der Walfischgasse 1 ein gewisser Dr. Skender Fani seine Büro-Räumlichkeiten hat, der Berater eines gewissen Hans Krankl.

Sechsfacher Torschütze Hans Krankl beim 9:0-Länderspielsieg gegen Malta in Salzburg

Jung-Rapidler Hans Krankl (Bild ganz oben, 3.v.l. stehend), in einem der harten Duelle mit dem grimmigen Salzburg-Verteidiger Artur Kibler (oben) und beim Torjubel in seiner ersten Rapid Ära (Bild rechts).

Eines der Duelle der Kapitäne im Wiener Derby: Austrias Robert Sara gegen Krankl

Vor dem Goldenen Schuh im Jahr 1978 holte sich Krankl den Silbernen hinter Hector Yazalde ab. Mit Herbert Prohaska und Willy Kreuz bei der WM 1978, wo er oft jubeln durfte (Bild rechts).

Nach dem 1:0-Sieg gegen Schweden war Österreich bei der WM 1978 unter den besten Acht der Welt und wurde trotz einer 0:1-Niederlage gegen Brasilien Gruppensieger.

Mit seinem Nationalteam-Kollegen Herbert Prohaska (Bild ganz oben) verband Hans Krankl trotz aller Wiener Klub-Rivalität lange Jahre eine enge Freundschaft. Auch in der Nationalmannschaft trug Stürmerstar Hans Krankl lange die Kapitänsschleife.

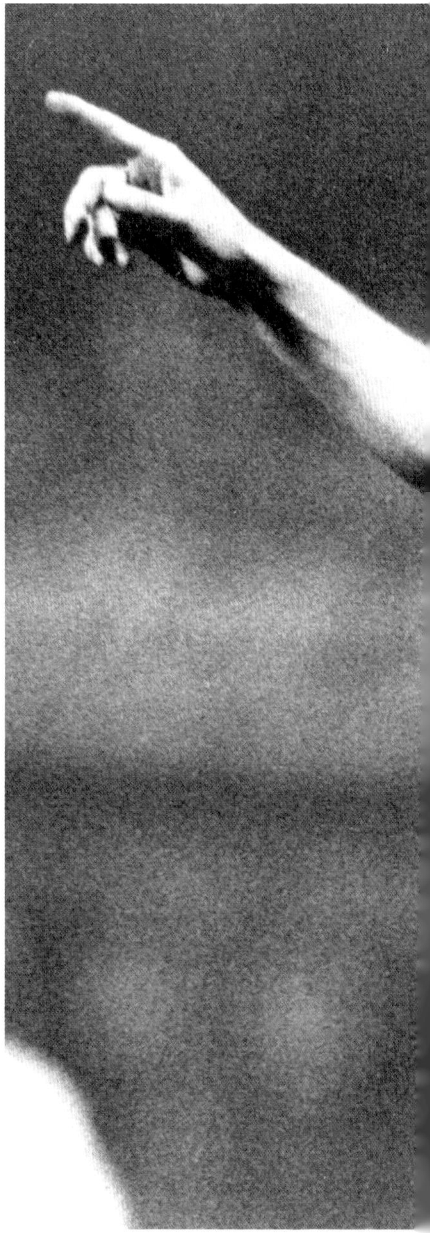

Für Österreich zu spielen war für den Patrioten Hans Krankl immer eine große Ehre.

Eines der beiden Krankl-Tore bei der Fußball-WM 1978, mit denen er im Spiel gegen die Deutschen in Cordoba zur Legende wurde. Tormann Sepp Maier hatte das Nachsehen.

K

Mit diesem Tor fixierte Hans Krankl beim Europacup-Finale von Basel gegen Fortuna Düsseldorf 1979 in der Verlängerung den Triumph von Barcelona.

Die große Befreiung: Nur zwei Wochen nach dem schweren Autounfall seiner Frau Inge schrieb Hans Krankl beim 4:3-Finalsieg gegen Düsseldorf in Basel Europacup-Geschichte. Der „Pott" krönte eine Saison, in der er mit 29 Treffern spanischer Schützenkönig wurde.

Der Jubel war grenzenlos, nachdem Hans Krankl und seine Barca-Kollegen 1979 in Basel den heiß ersehnten Europacup-Sieg für die Katalanen eingefahren hatten.

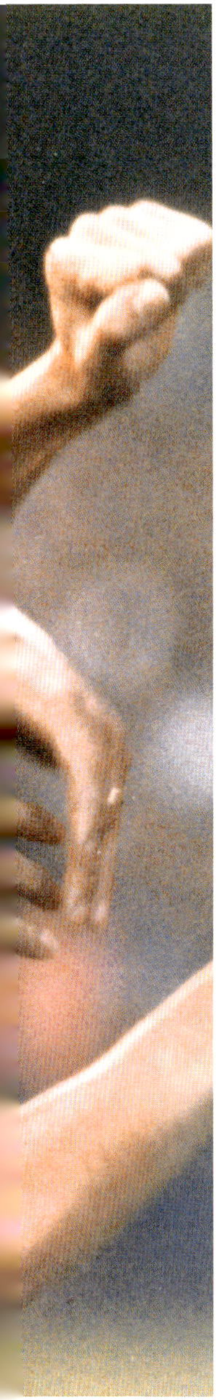

Mit dieser Barca-Mannschaft feierte Hans Krankl seine größten Triumphe in Spanien, holte den Europacupsieg im Cupsieger-Bewerb und krönte sich zum neuen spanischen Torschützenkönig.

Nach seiner Rückkehr zu Rapid zog Hans Krankl (hier mit dem tschechischen Ballgenie Antonin Panenka im Match gegen Celtic Glasgow) zum zweiten Mal in ein EC-Finale ein.

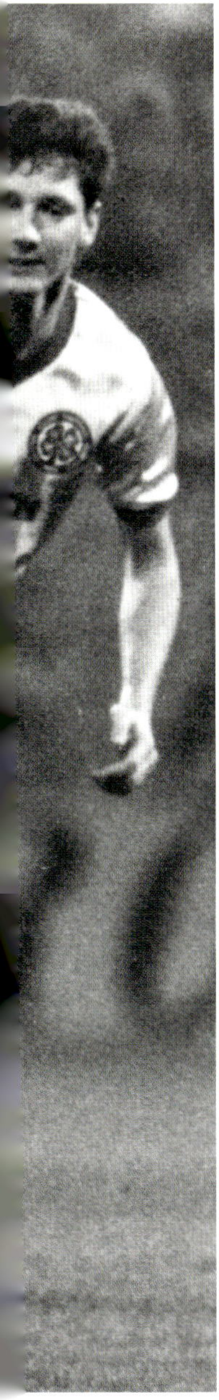

Hans Krankl als Rapidler beim Gamper-Turnier in Barcelona, mit dem Meisterteller 1982 und der Cup-Trophäe in den Jahren 1983 und 1985 (Bilder oben). Erst nach der Rückkehr aus Spanien klappte es mit den Meistertiteln. Ein zweiter Europacupsieg blieb ihm 1985 im Endspiel gegen Everton allerdings verwehrt (Bild links).

Zum Karriere-Ausklang schoss der ergraute Goleador in Salzburg noch einmal ein „Tor des Jahres". Im Herbst 1988 schoss er diesen Ball gegen Kufstein volley ins Kreuzeck.

7

DER KUSS VON ASENSI

In der Kanzlei von Skender Fani läutete in dieser Zeit schon die ganze Zeit in regelmäßigen Abständen das Telefon. Der in Spanien ansässige Manager Viktor Gartner eröffnete die Konversation mit dem Fußball-Doktor mit dem immer gleichen Satz: „Mein Gutester", säuselte er in Erwartung des „gutesten" Geschäfts seines Lebens mit Schützenkönig Hans Krankl stets in den Hörer, „mein Gutester, ich glaube, ich kann da was machen mit Barcelona."

Als dann Krankl bei der WM in Argentinien gegen Spanien und Schweden getroffen hatte, war Fani schon täglich „mein Gutester", aber nach Cordoba hatte Viktor Gartner Pause. Unmittelbar nach Schlusspfiff läutete es zwar wieder, aber diesmal war der Schmied und nicht der Schmiedl am anderen Ende der Leitung. Barcelona-Präsident Nunez ließ anfragen: „Wann können wir kommen?"

Nun hatte Fani zwei Probleme. Erstens einen Klienten Krankl, der nach der Weltmeisterschaft vorrangig seine Familie und seinen wohl verdienten Urlaub im Kopf hatte und nur zum Nötigsten in Sachen Transfer bereit war: „Doktor, was glaubst du?", war die knappe Anfrage. Und als Fani sagte: „Barcelona ist schon ein anderes paar Schuhe als alle anderen Interessenten", da kam die nicht minder knappe Festlegung: „Dann gemma nach Barcelona!" Aber vor dem Gehen standen nicht nur die Verhandlungen mit den Katalanen an, sondern es galt, vorher eine große Hürde aus dem Weg zu räumen. Während Krankl in Argentinien noch Geschichte schrieb, saß Rapids Geschäftsführer Kurt Eichelberger über ganz anderen Büchern.

Es musste Geld in die Kasse, und da kam das Angebot von Valencia für Europas Torschützenkönig äußerst gelegen. In Abwesenheit der Hauptperson einigten sich Rapid und die Spanier über einen Verkauf von Krankl. Also landete an jenem Juni-Tag des Jahres 1978 nicht nur die Delegation von Barcelona in Wien, sondern auch jene von Valencia. Beide mit dem Ziel, im Büro Fani den Krankl-Transfer über die Bühne zu bringen: „Für uns stand fest, dass Hans nach Barcelona geht", erinnert sich der Krankl-Berater: „Valencia drohte mit einem Prozess, mit einer UEFA-Sperre, aber sie hatten keine Chance, weil Rapids Übereinkunft mit ihnen selbstverständlich von der Zustimmung Krankls abhängig war." Die Spanier zogen beleidigt ab, die Katalanen blieben erwartungsfroh sitzen. Um den österreichischen „bota de oro", den „Goldenen Schuh" Europas zu bekommen, waren Präsident Josep Nunez, Vizepräsident Joan Gaspart und auch Trainer Lucien Muller nach Wien gekommen, also die gesamte Führungsspitze des Vereins.

Für diesen prominenten Aufmarsch drückte dann auch Hans Krankl, damals noch in Alt Erlaa daheim, beim Familienleben auf die Pausetaste und fuhr in die Walfischgasse. Stundenlang wurde ein wirklich attraktives Gesamtpaket geschnürt, bis Präsident Nunez bei einer letzten, im Vergleich läppischen Forderung Krankls abwinkte: „Nein, jetzt ist Schluss. Das hat bei uns kein einziger Spieler. Bis hierher und nicht weiter." Als Krankl aufstand und ging, dachte die Barca-Delegation noch, er müsste gerade einmal kurz raus, für kleine Torjäger sozusagen. Als er nicht wieder kam, wurden sie unruhig: „Wo ist er", fragte Nunez. „Fort", sagte Fani. – „Was heißt fort? – „Na fort, weg." Da war es um die Contenance des Präsidenten geschehen: „Holen Sie ihn bitte wieder!" Fani sprintete aus dem Büro, stellte seinen Klienten gerade noch an der Tür zum Lift.

„Sie wollen, dass du wieder kommst", versuchte der Anwalt, Krankl zum Bleiben zu bewegen. Der würdigte ihn jedoch gerade noch eines Blickes: „Du bist auch schwach. Ich sage dir, sie werden alles erfüllen, was ich will, und wenn ich zu Hause bin, wirst du mich anrufen, um mir das zu sagen. Und jetzt fahre ich heim." Sprach's und stieg in den Lift. Prompt läutete wenig später in Alt Erlaa das Telefon: „Wir sind einig. Komm zurück", sagte Fani. Vielleicht hätte es weltweit außer Krankl noch irgendwo einen Menschen gegeben, der aufgestanden wäre und die höchstrangige Delegation hätte sitzen lassen; aber sicher keinen mehr, der in einem Augenblick, in dem ihm mitgeteilt wurde, dass ihn einer der größten, populärsten und erfolgreichsten Klubs der Welt soeben unter Vertrag zu nehmen gedenkt und sehnsüchtig seiner Rückkehr harrt, zu seiner Frau sagt: „Ich muss wieder hin. Aber zuerst tun wir Abendessen." Eineinhalb Stunden später fand sich Krankl wieder im Büro Fani ein, unterschrieb, schlürfte ein Glas Champagner, ließ sich umarmen und nahm Geschenke für sich und Gattin Inge entgegen.

> *Was Hollywood für einen Schauspieler ist, ist für einen Fußballer Barcelona.*
>
> *Hans Krankl*

Ist das noch cool oder schon durchgeknallt? Wie sehr muss ein Mensch von sich überzeugt sein, dass er so auftreten kann? Natürlich hatte Hans Krankl in der Meisterschaft 41 Tore für Rapid geschossen und war damit Europas bester Torschütze geworden. Natürlich hatte er bei der Weltmeisterschaft vier Tore erzielt, davon diese zwei Weltklasse-Treffer gegen Deutschland. Und wenn man das so hinschreibt, muss man eigentlich sagen: Natürlich musste er sich seines großen Wertes bewusst sein. Aber als Österreicher neigt man dazu, Großleistungen auf die Kleinheit des Landes herunter zu nivellieren. Und das ist etwas, das Hans Krankl erkannt hat und bekämpft. Hätte er dieselben Leistungen als Brasilianer, als Argentinier, als Engländer, ja sogar als Deutscher erbracht – Nunez hätte es gar nicht riskiert, dass er das Büro Fani verlässt. Und wenn, hätte er eine Sänfte nach Alt Erlaa geschickt, um ihn zurück tragen zu lassen und notfalls sogar selbst Hand angelegt.

Krankl hatte es in diesem Moment nicht nötig, klein beizugeben, und der einzige, der das in seiner gewiss undiplomatischen, aber äußerst effizienten Art allen Beteiligten bewusst machte, war er selbst. Und zwar mit dem Holzhammer.

Als er nach zwei Wochen Urlaub am Samstag, dem 15. Juli,

von Vizepräsident Gaspart, der in seinem Leben noch eine entscheidende Rolle spielen sollte, in Wien abgeholt wurde, um zur Präsentation nach Barcelona zu fliegen, bekam er nachträglich noch in der Luft Recht: Exakt 20.796 deutsche Sportfreunde wählten in der ARD-Sportschau seinen Treffer zum 2:1 von Cordoba zum Tor des Monats. Da sage noch einer, der Österreicher sei der Großmeister des Masochismus. Die Welt, in die er nach der Landung eintauchte, hatte aber nicht einmal der mit großer Vorstellungskraft gesegnete Hans Krankl auch nur annähernd ermessen können: „Was sich da an Medienrummel abgespielt hat, war unvorstellbar. Das war Hollywood."

Barcelona zeigte die neue Trophäe mit großem Stolz her, man hatte Johan (Cruyff) durch Johann (Krankl) ersetzt.

Warum die Auslandskarriere eines derart begnadeten Torjägers wie es Krankl zu seiner Zeit war, nur so kurz gedauert hat, wird noch erläutert. Dass sie aber um ein Haar bereits nach vier Tagen zu Ende gewesen wäre, wussten bisher nur die engsten Vertrauten. Die Familie Krankl wurde in einem Hotel an der Ramblas untergebracht, der Hauptstraße Barcelonas, in der die Nacht erst in den frühen Morgenstunden endet. Alle litten unter der Hitze, die einem endlosen Sauna-Aufguss glich, die Kinder bekamen Durchfall, mussten vom Vereinsarzt mit Antibiotika einigermaßen fit gehalten werden, und in Krankl staute sich eine mächtige Depression auf. Täglich fuhr er mit dem Taxi ins Trainingszentrum neben dem Nou-Camp-Stadion, und am vierten Tag konnte er die Tränen nicht mehr zurückhalten: „Ich habe im Minutentakt mit mir gerungen, dem Taxifahrer zu sagen: »Dreh um, bring mich zurück, wir fliegen heim«."

Er ist heute sicher: Hätte die Taxifahrt an jenem Donnerstag nur wenige Minuten länger gedauert, er hätte nie einen Schuss für Barcelona abgegeben. So stand der Wagen plötzlich vor dem Stadion, und die neuen Kollegen stiegen gerade aus ihren Autos aus: „Ich wischte mir die Tränen aus den Augen, und ab diesem Moment war es vorbei. Die Depression war weg, und ich habe nie mehr daran gedacht." Aber für sein Leben, vor allem als Trainer, hat er daraus gelernt: „Man muss einen Fußballprofi in diesen Dingen immer unterstützen. Das sind keine Maschinen, die zu funktionieren haben, weil sie viel Geld verdienen, sondern Menschen. Menschen, die Fußball spielen, aber in erster Linie Menschen, die wollen, dass ihr intimer Bereich, in dem sie sich wohl fühlen müssen, klappt." In seinem Fall war das in dem Moment gegeben, als eine Wohnung gefunden und aus Wien Vertrautes wie Möbel, Gewand und Spielsachen für die Kinder in Barcelona war.

Davor aber musste Krankl ins Trainingslager nach La Cedana in den Pyrenäen. Die Kollegen waren schon vorher sehr zuvorkommend gewesen, vor allem Johan Neeskens, der ihm nicht nur über die alltäglichen Hürden beim Start in einem fremden Land half, sondern ihm gleich auch die Augen öffnete, was auf ihn zukommen würde: „Jetzt sind wir 28 Spieler. Nach der Vorbereitung fliegen vier hinaus, in der Meisterschaft bleiben 16 im engeren Kader. Da gibt's den ersten Stunk: Die Ausgeschiedenen laufen zur Presse und machen Theater", klärte ihn der holländische Nationalspieler auf. Nun kannten zwar alle Krankl, doch ob er trotz Goldenen Schuhs die mächtigen Fußstapfen des abgegangenen Johan Cruyff auszufüllen vermochte, war nicht klar. Die Vorentscheidung fiel an einem Sonntag, dem 30. Juli 1978, im Zwergstaat Andorra.

Es war das erste Testspiel des FC Barcelona: „Ein echter

Almauftrieb, 6.000 Leute sind gekommen, die sind bis an die Seitenoutlinie gestanden", erinnert sich Krankl. Und ein Honiglecken ist so ein Match nach harter Vorbereitung, in der Krankl von 77 auf 73 Kilogramm abnahm, ohne sichtbaren Speck mit sich herum geschleppt zu haben, nicht, auch wenn es nur gegen Halbprofis geht. Barcelona gewann 2:0, Krankl erzielte nach Flanke von Barcelona-Legende Carlos Rexach per Kopf das erste Tor. Und da passierte das Entscheidende: Der durch den Abgang von Cruyff neuer Kapitän gewordene Juan Manuel Asensi lief auf Krankl zu und küsste ihn links und rechts auf die Wange. Erst danach kamen alle anderen gratulieren. Der Kapitän hatte der Mannschaft signalisiert: Das ist einer, der uns hilft.

> *Wo ich stand, wo ich schoss, wo ich köpfelte, stellten sich mir Leiber entgegen. Ich war erledigt.*
>
> *Hans Krankl über das Spiel gegen Rapid beim Joan-Gamper-Turnier*

Das war wichtig, aber es war Andorra. Weit weg von Nou Camp, wo die Anhänger schon der neuen Mannschaft entgegen fieberten, und beim traditionellen Gamper-Turnier war es wenige Wochen später so weit. Eingeladen waren Botafogo Rio, Köln und – als Zusatzvereinbarung zum Krankl-Transfer – Rapid Wien. Das Drehbuch war klar: Die Deutschen und Rapid waren die programmierten Verlierer auf dem Weg zum geplanten Finale Barcelona gegen Botafogo. Krankl ließ es sich nicht nehmen, seine ehemaligen Rapid-Kollegen vom Flughafen abzuholen, und bei dieser Gelegenheit besprach er gleich mit seinem Ex-Trainer Karl Schlechta die Dramaturgie: „Aber nicht, dass mich drei Leute decken, Trainer, ich brauche einen guten Einstand." Schlechta beruhigte seinen früheren Schützling: „Hansi, nicht einer wird dich decken, keine Sorge."

Schlechta hielt Wort: „Es war wirklich nicht einer bei mir. Es waren drei: Persidis, Pajenk und Walzer", erinnert sich Hans Krankl, der einmal nur die Stange traf und dessen Kopfball ausgerechnet Freund Peter Persidis auf der Linie abwehrte. Durch einen abgefälschten Freistoß von Helmut Kirisits gewann Rapid die Partie 1:0, und nachdem auch Köln gegen Botafogo in Abweichung vom Drehbuch die Ärmel oben hatte, war das programmierte große Finale plötzlich das kleine. Da schoss Krankl aber dann zwei Tore zum 3:2-Sieg gegen die Brasilianer, bewies auch außerhalb Andorras, dass er helfen konnte und wurde zum besten Spieler des Turniers gewählt. Rapid kassierte die Höchststrafe in Form einer 0:5-Finalniederlage gegen Köln.

Sein erstes Meisterschaftstor schoss Krankl im zweiten Saisonspiel bei der 1:2-Niederlage in Valencia, wo durch seine Weigerung, dorthin zu gehen, 70.000 Menschen bei jeder Ballberührung pfiffen: „Ich hatte das von Österreich aus in dieser Dimension überhaupt nicht mitbekommen. In Valencia war das neue Traum-Duo Kempes und Krankl seitenweise in den Zeitungen Thema gewesen. Der WM-Schützenkönig und der ‚bota de oro', Europas Topscorer, in einem Team – die hatten das schon wochenlang zelebriert." Mit den Orangen, die an diesem Spieltag im Mestalla-Stadion in seine Richtung geworfen wurden, hätte man den Ganzjahres-Vitaminbedarf eines durchschnittlichen Österreichers locker decken können.

Krankl kam, sah und traf, und das traf sich gut, denn am 12. Oktober hatte er im Lido in Paris einen wichtigen Termin. Da bekam er den „Goldenen Schuh" für seine 41 Saisontore bei Rapid überreicht, mit denen er vor Carlos Bianchi (Paris St. Germain/37) und Ruud Geels (Ajax Amsterdam/32) als bester Torschütze Europas geehrt wurde. 1974, als der damals gerade 21-

Jährige für 36 Tore im Pariser Restaurant Pre Catalan im Bois de Bologne mit dem „Silbernen Schuh" ausgezeichnet worden war, hatte Gerd Müller prophezeit: „Aus dem wird bestimmt noch etwas." Dass aus Krankl unter anderem der neue Torjäger des FC Barcelona geworden war, weil er Müllers Landsleute aus der 78-er-WM geschossen hatte, konnte der legendäre Bayern-Torjäger und Weltmeister von 1974 damals in Paris natürlich nicht wissen. Das blieb aber nicht Krankls einzige Auszeichnung in diesem Jahr: Bei der Wahl zu Europas Fußballer des Jahres landete er denkbar knapp hinter Kevin Keegan (HSV) auf Platz 2 – vor Klassespielern wie Rob Rensenbrink, Roberto Bettega oder Paolo Rossi. Seit 1956 gibt es diese von „France Football" durchgeführte Kür, und noch nie bis zu und seit diesem 27. Dezember 1978 ist ein österreichischer Fußballer unter den Top 3 gewertet worden.

Es lebe die Mutter, die dich geboren hat!

Spanische Schlagzeile nach fünf Krankl-Toren beim 9:0-Sieg gegen Vallecano

Hans Krankl war im Hoch. In der Meisterschaft traf er am Fließband, durfte sich über Headlines wie „Wenig Spiel – viel Krankl" oder „Hansi es el re" (Hansi ist der König) freuen. In der Torschützenliste enteilte er früh Rivalen wie Mario Kempes oder Reals Carlos Santillana. Und im Europacup, dem weißen Fleck in der Erfolgsgeschichte des FC Barcelona, lief auch alles nach Plan. Bis zum 18. Oktober, als es gegen den amtierenden Europacupsieger Anderlecht ging, der die Wiener Austria im Endspiel der Saison 1977/78 in Paris vor den Augen von Zuschauer Hans Krankl mit 4:0 gedemütigt hatte.

Barca verlor in Belgien mit 0:3, und die Prognose von Ernst

Happel bei der Auslosung schien einzutreffen: „Ich rechne mit einem klaren Sieg, Anderlecht ist für mich schon aufgestiegen." Alles, was aus der Sicht Hans Krankls in dieser Partie von zusätzlicher Brisanz war, hatte sich hiermit scheinbar erübrigt: Dass Anderlecht-Präsident Constant van den Stock, schwerreicher Besitzer der Brauerei Gueuze, im April gemeint hatte, Krankl nicht unbedingt zu brauchen und stattdessen den holländischen Teamstürmer Ruud Geels von Ajax geholt hatte. Und dass er vom 1:5-Debakel bei der Weltmeisterschaft – ja, auch das war Cordoba – mit den Anderlecht-Holländern Rob Rensenbrink und Arie Haan noch eine Rechnung offen hatte.

Aber es gab ja noch ein Rückspiel, und Hans Krankl ist nicht sicher, ob das nicht das allerbeste Match war, an dem er je mitgewirkt hat. Nach dem Hass-Hinspiel mit Tätlichkeiten und Hahnenkampf der Trainer Goethals und Muller beim Abgang leisteten die Barcelona-Fans schon von der Landung der Anderlecht-Stars an ihre Vorarbeit. Die Belgier waren von der Ankunft bis zum Spiel einem beispiellosen Fan-Terror ausgesetzt und entsprechend verunsichert. Krankl erzählt: „Die sind raus gekommen zum Aufwärmen und haben sich angeschissen. Da waren aber Kaliber drinnen wie der Rensenbrink, der Haan, der Geels, der Golst, die waren weiß wie eine Wand. Die hatten überall auf der Welt gespielt, aber ich habe gesehen, als ich ihnen in die Augen schaute: So etwas wie an diesem Abend im Nou Camp hatte noch keiner von denen je erlebt."

Krankl öffnete mit seinem Treffer zum 1:0 das Tor zur großen Europacup-Sensation: Barcelona gewann das Heimspiel mit 3:0, die Verlängerung blieb torlos, es ging ins Elfmeterschießen. Auch da sorgte Krankl für den ersten Treffer, und am Ende hieß es 4:1 für die Katalanen: „Die Menschen sind eineinhalb Stunden nicht heim gegangen, ich habe so etwas vorher und nachher nicht erlebt. Dieses Spiel ist in der mehr als hundertjährigen Geschichte des FC Barcelona ein ganz besonderes Kapitel gewesen."

Barcelona ist wie Rapid. Nur mal 100.000.

Hans Krankl

In der Meisterschaft bewahrheitete sich, was Johan Neeskens Krankl vor Saisonstart gesagt hatte: „In Spanien wirst du dann Meister, wenn du auswärts überall Remis spielst." Daheim war Barcelona – wie auch Real Madrid – eine Macht, aber in der Fremde gab es mit einem 2:1 bei Hercules Alicante durch zwei Krankl-Tore nur einen Sieg, und es setzte Niederlagen bei Underdogs wie Huelva oder Burgos. Da nützte auch die exzellente Performance im Europacup recht wenig, und Trainer Lucien Muller wurde bereits angezählt. Es schien noch einmal bergauf zu gehen, als Barca im Cup-Achtelfinale Valencia daheim 4:1 schlug. Aber das Rückspiel ging mit 0:4 verloren, und Krankl erinnert sich an die Nacht in Valencia: „Muller kam zu Neeskens und mir ins Zimmer und sagte: »Morgen bin ich weg.« Wir haben noch gesagt: »Nein, das kann nicht sein«, aber als wir in Barcelona gelandet sind, hatten sie ihn schon gefeuert."

Es sollte ein bedeutungsvoller Moment für Krankl sein, denn der elegante Elsässer hatte seinen Wiener Torjäger sehr gemocht und ihm auch das eine oder andere Sonderrecht eingeräumt, beispielsweise nach Teamspielen einen Tag länger in Wien bleiben zu dürfen. Jedenfalls übernahm am Tag nach dem Cup-Aus der bisherige Kotrainer Mullers, Joaquim Rifé, gemeinsam mit Nachwuchstrainer Torre das Kommando beim FC Barcelona. Muller, in der Saison 1965/66 auch Barca-Spieler, war damit der fünfte Trainer in fünf Jahren, der vorzeitig gehen musste: „Er war ein guter Spieler, aber als Trainer für uns eine Nummer zu klein", war der lapidare Kommentar der Bosse.

Krankl betrauerte den Verlust des geschätzten Trainers, aber noch war es eine flüchtige Trauer, die zudem von Erfolgen auf dem Rasen gemildert wurde. Beim 6:0-Sieg gegen Tabellenführer Gijon schoss er am 22. April 1979 drei Tore, übertraf damit den bisherigen spanischen Torrekord von Mario Kempes mit 28 Saisontreffern und hielt nun bereits bei 29 Stück. Und drei Tage später fixierte er mit seinem Elfmetertor gegen Beveren den Einzug ins Finale im Europacup der Cupsieger.

Zwischen diesen beiden Spielen wurde Krankls Renault aus der Garage gestohlen, tauchte aber nach dem Europacup-Semifinale wieder auf. Dass er ihn danach in Reparatur geben musste, sollte sich schicksalhaft auswirken.

8

ICH BIN EIN KATALANE

Derbys in Barcelona sind immer eine heiße Angelegenheit, die weit über die Rivalität zweier Klubs innerhalb einer Stadt hinausgeht, was wiederum historisch bedingt ist: Barca steht als Symbol für das katalanische Selbstwertgefühl, Espanyol war stets, wie der Name schon sagt, der spanische Dorn im Herzen Kataloniens. Auch am 5. Mai 1979 war das Aufeinandertreffen in Nou Camp geprägt von Härte und Gehässigkeit, was sich auch in den Zweikämpfen zwischen Hans Krankl und dem paraguayischen Espanyol-Legionär Pavon ausdrückte. Krankl war auf der Jagd nach der 30-Tore-Marke, denn mit seinen 29 Treffern bis dahin war ihm der Titel des Schützenkönigs ohnehin schon fast gewiss. Aber die Partie endete für ihn vorzeitig. Nach einem Kopfstoß gegen Pavon, der ihn zuvor nach allen Regeln der Kunst abgeklopft hatte, sahen Krankl und auch sein Kontrahent die rote Karte. Aber das sollte in dieser Nacht nur ein vergleichsweise winziges Unglück gewesen sein.

Krankls Renault war nach dem Diebstahl in der Reparatur, mit seinem Wiener Jaguar durfte er in Spanien nicht fahren. Also erbot sich ein befreundeter österreichischer Computerspezialist, den ausgeschlossenen Torjäger, seine Frau Inge und den auf Besuch in Barcelona weilenden Skender Fani in seinem kleinen Austin Mini nach Hause zu bringen. Man verließ Nou Camp wegen des Ausschlusses vorzeitig und kam so in den starken Verkehr. Beim Kreuzen der Avenida Generalissimo Franco krachte ein Wagen in die rechte Hinterseite des Minis, genau dort, wo Inge Krankl saß. Der blaue Austin wurde 15 Meter nach vorne geschleudert, der Fahrer, Fani und Krankl überstanden den Unfall nahezu unverletzt. Aber Inge Krankl klagte über starke Schmerzen und wurde zunehmend bleicher.

In diesem Moment sandte das Schicksal einen rettenden Engel in Gestalt von Vizepräsident Joan Gaspart, der auf dem Weg zu einem Essen mit einem Geschäftspartner nur wenige Minuten nach 0:28 Uhr, dem Zeitpunkt des Unglücks, an der Unfallstelle vorbei kam. In seinem Wagen raste er mit der schwer verletzten Frau des Fußballstars in die „Clinica Corachán", und dort rettete Gaspart Inge Krankl zum zweiten Mal in dieser Nacht das Leben. Die rasche Diagnose des Dienst habenden Arztes, Serienrippenbrüche, ließ ihn nicht ruhen. Er bat einen befreundeten Spezialisten, Dr. Suiedas von der Privatklinik „Bel Ami", mitten in der Nacht um sein sofortiges Kommen. Erst dieser erkannte die Schwere der Verletzungen, bereitete sofort eine Notoperation vor, die fünfeinhalb Stunden dauern sollte. Und Joan Gaspart beorderte Barcelonas Klubarzt zur Assistenz in den OP. Inge Krankl hatte nicht nur einen Beckenbruch erlitten, sondern eine schwere Leberquetschung und einen Milzriss, sie drohte innerlich zu verbluten. Im Radio wurden stündlich Aufrufe durchgegeben, Blut spenden zu kommen, das die schwerst Verletzte literweise benötigte. In kürzester Zeit waren Hunderte Menschen vor dem Spital versammelt, die mit ihrem Blut das Leben Inge Krankls retten wollten. Krankls Mitspieler Asensi und Neeskens wollten ebenso spenden wie Johan Cruyff, der zufällig gerade geschäftlich da war. Aber zu diesem Zeitpunkt waren die Feuerwehrmänner von Barcelona, die „bomberos", bereits gesammelt zum lebensrettenden Einsatz ausgerückt und hatten für ausreichend Blutkonserven gesorgt.

> *Inge ist keine österreichische Frau mehr, sie ist eine Katalanin, weil sie nur noch katalanisches Blut in ihren Adern hat.*
>
> *Hans Krankl*

Während die Ärzte stundenlang operierten, saß Hans Krankl nur wenige Meter entfernt auf dem Balkon seiner Wohnung und durchlitt die schlimmsten Stunden seines Lebens. Die fünfjährige Sandra und der zweijährige Johann schliefen fest und wussten nichts vom Kampf um das Leben ihrer Mutter und von den düsteren Gedanken im Kopf des Vaters: „Ich darf an diese Stunden heute noch nicht denken, da verkrampft sich mein Herz", sagt Krankl: „Hätte Inge nicht überlebt, wäre das mein Untergang gewesen. Natürlich, da waren ja die zwei kleinen Kinder, und ich hätte sie irgendwie versorgen müssen, aber ich glaube, ich hätte nie wieder Fußball gespielt."

Fani und Gaspart blieben die ganze Nacht in der Klinik, und gegen halb sieben Uhr in der Früh rannte der Anwalt nach draußen, um dem immer noch auf dem Balkon sitzenden Krankl mit dem Daumen nach oben zu signalisieren, dass die Operation gut verlaufen war. Aber die Lebensgefahr war noch nicht gebannt. So unsagbar schwer und bitter diese Stunden für Hans Krankl waren, so unsagbar Schönes erlebte er im Zusammenhang mit diesem Unfall in seiner Wahlheimat: Einer der Barcelona-Vizepräsidenten, Joan Casaus, quartierte sich im Zimmer neben der Intensivstation ein, ließ sich sein Gewand und die nötigsten Dinge für den täglichen Bedarf bringen und gelobte: „Ich verlasse diesen Raum erst wieder, wenn Inge die Intensivstation verlässt." Die Mitspieler kümmerten sich rührend um Krankl, Genesungswünsche aus ganz Spanien trafen ein, darunter als erstes von Real Madrid. Regierungschef Felipe Gonzales schrieb einen Brief, Hunderte Menschen sandten Heiligenbilder und Kruzifixe, sogar eine große Statue der schwarzen Madonna von Montserrat traf auf dem Postweg als Glücksbringer für seine Frau bei Krankl ein. Die Klinik wurde in den Tagen nach dem Unfall zu einem Wallfahrtsort, vor dem Menschen für Inge Krankl beteten. Darunter auch der spätere IOC-Präsident Juan Antonio Samaranch.

> *So etwas kann es in Österreich nicht geben,*
> *dass für die Frau eines ausländischen Sportlers so*
> *viel Anteilnahme kommt. Da beginnt eine*
> *Freundschaft, die weit über den Fußball hinausgeht,*
> *und da wurde ich auch zum Katalanen.*
>
> *Hans Krankl*

Im großen Unglück hatte der Herrgott seine schützende Hand über die Familie Krankl gehalten. Er schickte Joan Gaspart, der gleich zwei Mal binnen einer Stunde zum Lebensretter wurde. Hätte man auf das Eintreffen der Rettung warten müssen, wäre Inge Krankl wohl ebenso verblutet wie durch die falsche

Erstdiagnose im Krankenhaus. So aber schlug Krankls Frau drei Tage nach dem Unfall die Augen auf, und als sie ihren von der Angst um ihr Leben und den durchwachten Nächten gezeichneten Mann sah, flüsterte sie schwach aber bestimmt: „Hansi, bitte geh wieder trainieren!" Dass sich aus dem zuvor schon guten Verhältnis der Familie Krankl mit dem Barcelona-Vizepräsidenten Gaspart eine Lebensfreundschaft entwickelte, an der auch alle späteren Dissonanzen zwischen Klub und verschnupftem Stürmerstar abprallten, ist gewiss auch in dieser schrecklichen Nacht begründet.

An eine Rückkehr des Goleadors in die Mannschaft war jedoch noch nicht zu denken, als die Lebensgefahr für Inge Krankl gebannt war. Der Schock, um ein Haar seine geliebte Frau und die Mutter seiner beiden Kleinkinder verloren zu haben, saß Krankl noch zu tief in den Knochen, und er ließ auch die folgenden beiden Meisterschaftsspiele aus. Es wäre ihm in dieser Saison auch völlig egal gewesen, wenn er dadurch den Titel des spanischen Schützenkönigs noch verloren hätte. Trainer Rifé stellte ihm den Zeitpunkt seiner Rückkehr frei, als jedoch der Termin des Europacup-Endspiels gegen Fortuna Düsseldorf näher rückte, taten das auch seine Mitspieler, allen voran Kapitän Asensi: „Wir brauchen dich, du musst uns helfen." Aber erst, als auch Inge Krankl ihren Mann drängte, beim Finale in Basel zu spielen, gab er seine Zustimmung.

Trainer Rifé und die Mitspieler wussten, dass Krankl den Unterschied ausmachen konnte, ob man wieder einmal mit leeren Händen oder doch endlich mit dem heiß ersehnten Pokal, der im Barcelona-Trophäenschrank noch fehlte, aus Basel zurück kommen würde. Zwei Mal waren die Katalanen bis dahin in der Schweiz in einem Endspiel gestanden, ebenso oft hatten sie dieses verloren: 1961 das Meistercup-Finale in Bern vor 28.000 Zuschauern gegen Benfica Lissabon und 1969 in Basel vor nur 22.000 gegen Slovan Bratislava. Das Sehnen nach dem Triumph war entsprechend groß, ein Ausfall des Topstürmers hätte den Optimismus, dass es diesmal gut gehen würde, empfindlich gedämpft. So aber fuhr Krankl mit der Mannschaft ins Schlosshotel D'Isenbourg nahe Mühlhausen, etwa eine Autostunde von Basel entfernt, wo Barcelona alle 33 Zimmer gebucht hatte. Krankl und sein Freund Neeskens bezogen Zimmer 12 b, denn 13 gab es aus Aberglauben nicht.

Hans wirkt direkt apathisch.
Er hat mir immer vorgeschwärmt,
wie schön es sein müsste, in einem
Finale zu sein. Jetzt ist er es,
aber in Gedanken ist er es doch nicht.

Johan Neeskens vor dem Cupsieger-Finale gegen Düsseldorf

Vier Jahre zuvor war die Schweiz letztmals Austragungsort eines Europacup-Endspiels gewesen, aber die Partie Dynamo Kiew gegen Ferencvaros Budapest wollten nur 13.000 Zuschauer sehen, das war Minusrekord. Diese Gefahr drohte diesmal nicht, denn FC Barcelona inszenierte eine beispiellose Völkerwanderung nach Basel: Der Klub brachte 40.000 Anhänger gratis zum Spiel, charterte für die bis damals größte Invasion in der Europacupgeschichte 180 Busse und stattete alle Fans unentgeltlich mit Fahnen, Trompeten und Schals aus. Im Endeffekt waren im Basler St.-Jakob-Stadion, das schließlich mit 58.084 Besuchern neuen Zuschauerrekord vermelden konnte, mehr Barca-Anhänger, als Finalgegner Fortuna Düsseldorf in allen seinen vier Heimspielen auf dem Weg in das Endspiel angelockt hatte.

Am Montag vor dem Finale trat Hans Krankl vor die anwesenden Journalisten und hielt auf Spanisch eine Dankesrede für alle Helfer und Blutspender, die nach dem Unfall sofort zur Stelle gewesen waren: „Jetzt habe ich gesehen, Barcelona ist meine zweite Heimat geworden. Ich möchte allen Menschen, die meiner Frau und mir in diesen schweren Stunden so geholfen haben, aus Dankbarkeit etwas aus Basel mitbringen: Den Europacup." Das wollten aber auch die Gegner, die schon fünf vergebliche Finalanläufe genommen und als Mental-Doping ein Foto des versilberten Potts an der Kabinentür angebracht hatten. Die Gebrüder Klaus und Thomas Allofs ließen sich im Vorfeld als Toreros ablichten, Vorstopper Gerd Zimmermann tönte sogar keck: „Hans Krankl schießt gegen mich kein Tor, und das müsste eigentlich schon der halbe Sieg sein." Jedem, der an seinen Worten zweifelte, bot er sogar eine 100-Mark-Wette an.

Ich pfeif auf gut spielen.
Meine Aufgabe ist Tore schießen, und das habe
ich gemacht. Sie können mich 90 Minuten decken,
100 Minuten decken, 110 Minuten decken.
Mir genügt eine Minute im Spiel.

Hans Krankl in der „Krone" nach dem Europacupsieg

Am Mittwoch, dem 16. Mai, elf Tage nach Inge Krankls schwerem Unfall, wurde im „Joggeli", wie das Basler St.-Jakob-Stadion im Volksmund heißt, das Finale im Europacup der Cupsieger zwischen Barcelona und Fortuna Düsseldorf angepfiffen. Durch Sanchez und Asensi gingen die Katalanen zwei Mal in Führung, Thomas Allofs und Seel konnten aber jedes Mal ausgleichen, und so stand es nach 90 Minuten 2:2. Trainer Joaquim Rifé hatte vor dem Spiel zu Hans Krankl, der nach dem Unfall tagelang nicht trainiert hatte, gesagt: „Spiel so lange du kannst."

Und der Wiener Torjäger schrieb in der Verlängerung wieder einmal Fußballgeschichte. Nach Rexachs neuerlichem Führungstor in der 103. Minute bedeutete Krankls Treffer zum 4:2 sieben Minuten später die Vorentscheidung. Seels Anschlusstor konnte Barcelonas Triumph nicht mehr verhindern.

Was sich nach dem ersten Europacupsieg der Vereinsgeschichte in Barcelona abspielte, war unbeschreiblich: Insgesamt waren eine Million Menschen auf den Straßen, 150.000 säumten bei der Rückkehr der Helden die Straße vom Flughafen zur Kirche „Merced", die der Schutzheiligen von Barcelona gewidmet ist. Die Busfahrt, die normalerweise 20 Minuten dauert, wurde zur mehrstündigen Prozession. Die Mannschaft musste nach Mitternacht noch geschlossen ins Stadion, wo 60.000 Anhänger fünf Stunden lang auf ihre Rückkehr gewartet hatten. Weil Inge Krankl durch eine Infektion geschwächt war, durfte sie im Spital außer ihrem Mann keine Besucher empfangen. Hans Krankls Mannschaftskollegen Juan Asensi und Carlos Rexach wurden nicht vorgelassen: Sie wollten ihr nach der Rückkehr aus Basel symbolisch den Europacup überreichen.

> *Das war der schönste Tag meiner Karriere.*
> *Cordoba war schon okay, aber wir sind bei der WM*
> *nicht Weltmeister geworden, im Europacup*
> *aber Europacupsieger.*
>
> *Hans Krankl*

Unter den mehr als 58.000 Zuschauern im St.-Jakob-Stadion war auch Hans Krankls Vater gewesen. Als sein Sohn das 4:2 geschossen hatte, riss er die Arme in die Höhe, tanzte vor Freude und busselte seine Nachbarn ab. Ein Langfinger nützte die Gunst des Augenblicks und stahl seine Brieftasche. Als Johann

Krankl das später bemerkte, entfuhr dem alten Straßenbahner ein entsetztes: „Um Gottes Willen, meine Netzkarte ist weg."

9

SCHEIDUNG AUF RATEN

Bei seinem ersten Joan-Gamper-Turnier zu Beginn der Saison 1978/79 war er vom Turniersponsor, dem Großkaufhaus „El corte inglés", zum besten Spieler gewählt worden, und da störte es ihn nur wenig, dass im Pokal „Hans Krankel" eingraviert war. Die spanische Zunge tat sich am Anfang mit dem konsonantenreichen Namen des neuen Goleadors schwer. Aber dieses Turnier und sein persönliches Abschneiden dabei waren irgendwie symptomatisch gewesen für die folgende Saison, an deren Ende der Gewinn des Europacups und der Titel des spanischen Torschützenkönigs gestanden waren.

So gesehen gab auch Krankls zweites Gamper-Turnier die Richtung vor. Beim 4:0-Auftaktsieg gegen FC Zürich stand er im

Schatten des von Mönchengladbach geholten Dänen Alan Simonsen, der zwei Tore schoss. Und im Finale gegen den 1. FC Köln scheiterte er gleich zweimal hintereinander mit Elfmetern an Tormann Harald „Toni" Schumacher und wurde nach knapp einer Stunde ausgetauscht. Skender Fani erinnert sich an diesen Tag: „Ich war mit Teamchef Karl Stotz dort, und Hans ist auf einmal um zwei Uhr früh bei uns im Hotel aufgetaucht, was er normalerweise nie getan hätte. Es war ein Zeichen, dass er innerlich schwerst bedrängt war, und es war irgendwie auch der Anfang vom Ende bei Barcelona."

Das ist nicht ganz richtig, denn Krankls persönlicher Anfang vom Ende war bereits jener 16. Mai in Basel gewesen, als Barcelona den Europacup holte und die Klubführung im Freudentaumel die vermeintliche Trainer-Übergangslösung Joaquim Rifé sofort mit einem Zweijahresvertrag belohnte.

Rifé war als Co-Trainer ein netter Kerl gewesen.
Als er aber Chef wurde, hat sich sein
wahrer Charakter gezeigt.

Hans Krankl

In kürzester Zeit begann es in der Mannschaft atmosphärisch zu knistern, der Argentinier Juan Carlos Heredia drohte Rifé einmal im Training sogar eine Ohrfeige an, und auch mit Krankl gab es ständig Reibungspunkte, die darin gipfelten, dass der Coach seinen Schützenkönig in San Sebastian gegen Real Sociedad erstmals seit dessen Barcelona-Engagement nicht aufstellte. Krankl, der auch nach der WM seine Kolumne in der „Krone" hatte, schrieb zornig: „Wenn der Klub mich wirklich loswerden will, bin ich auch schon weg." Wenige Tage später eskalierte die Situation dann wirklich: Krankl flog zum Länderspiel gegen

Schottland, und unter Trainer Lucien Muller war es immer so gewesen, dass er noch einen Tag länger in Wien bleiben durfte und stets erst Freitag wieder in Barcelona sein musste. Diesmal zog ihn Rifé vor dem Abflug zur Seite: „Du kommst am Donnerstag zurück." Krankls Antwort war nicht wirklich überraschend: „Ich habe gehört, dass du es mir gesagt hast. Ich komme am Freitag, weil das immer so war."

Ich habe bei einem wichtigen Spiel ein
wichtiges Tor geschossen. Und das wird registriert,
das wird zur Kenntnis genommen.
Auch in Spanien. Auch meine Gegner beim
FC Barcelona werden das lesen –
und es wird ihnen weh tun.

Hans Krankl nach seinem Länderspieltor beim 1:1 in Schottland

Krankl kam natürlich erst am Freitag und wurde prompt zum Einzelgespräch in die Trainerkammer vergattert: „Du wirst gegen Las Palmas nicht spielen", teilte ihm Rifé mit. Es kam zum Streit, bei dem Krankl nicht nur bewies, dass er auch auf dem Schimpfwort-Sektor schon sehr gut Spanisch gelernt hatte, sondern an dessen Ende er dem verhassten Coach noch folgenden Rat mit gab: „Ich würde an deiner Stelle gut aufpassen. Du hast schon mit zu vielen Streit."

Die Mannschaft erfuhr von der Eliminierung des Stürmers erst, als Zeugwart Pape Anguera in alter Tradition die Namen der 16 Kaderspieler für das Match gegen Las Palmas mit Kreide auf eine alte Schultafel in der Kabine schrieb. Kapitän Asensi schickte den Zeugwart noch einmal zum Trainer hinein, weil er Krankls Fehlen für einen Fehler hielt und ging dann auch noch selbst zu Rifé intervenieren. Der aber blieb stur, ließ Krankl auch daheim, als die Mannschaft zum Europacupspiel gegen Aris Bonneweg nach Luxemburg flog und stellte ihn auch im folgenden Meisterschaftsspiel gegen Gijon nicht auf. Gleichzeitig plädierte er im Präsidium für einen sofortigen Verkauf des Rebellen, was von den Vizepräsidenten Gaspart und Casaus aber abgelehnt wurde. Nach der 1:4-Schlappe in Gijon kam es im Gegenteil zur verordneten Versöhnung und zum Shakehands vor der Mannschaft.

Aber das war nicht mehr als eine inhaltsleere Geste. Der Bruch war nicht mehr zu kitten, Rifé wollte sich mit Härte behaupten und eliminierte zunächst den Argentinier Heredia aus dem Kader. Und als Krankl vom Länderspielsieg gegen Portugal im November verletzt zurück nach Barcelona kam, war es auch um ihn geschehen. Der Konflikt brach mit alter Vehemenz auf, der Spieler legte es auf die ultimative Kraftprobe an, marschierte zu seinem Vertrauten Joan Gaspard und deponierte dort: „Wenn dieser Trainer bleibt, gehe ich wieder heim." Das Präsidium trat zusammen und entschied sich für Rifé, worauf Krankl packte und nach Wien flog. Präsident Nunez sagte zu Weihnachten in einem TV-Interview: „Wir geben Krankl an jeden Klub der Welt ab, der die geforderte Ablöse zahlt." Bevor sich noch ein Interessent bei den Katalanen melden konnte, verpflichtete das Präsidium den Stürmer Carlos Roberto de Oliveira, kurz „Roberto" von Vasco da Gama. Jener Mann, der bei der WM 1978 für Brasilien das Siegestor gegen Österreich erzielt hatte, sollte Krankls Nachfolger sein.

Damit waren dessen Tage in Barcelona gezählt, weil nur zwei Ausländer angemeldet sein durften. Seine Rebellion gegen Rifé war nur oberflächlich eine gegen den Trainer gewesen. In Wahrheit war es eine gegen den Liebesentzug, den er nach dem Hinauswurf des menschlich so sanften und verständnisvollen

Franzosen Muller verspürte. Der hatte Krankl gegeben, was er am meisten im Leben braucht: Anerkennung, Vertrauen und den unerschütterlichen Glauben an seine Fähigkeiten. Mit ihm hätte er wohl auch den schleppenden Saisonstart überwunden und zu alter Stärke zurück gefunden, aber mit Rifé musste es zum großen Bruch kommen, weil dieser ihm das Vertrauen entzogen hatte. Wie schrieb Krankl am 18. Oktober in seiner „Krone"-Kolumne: „Bei Trainer Rifé kenne ich mich nicht aus. Er sagt immer, er ist ein Freund von mir, er bewundert mich, er ist auf meiner Seite. Und dann stellt er mich nicht auf."

Das darf man mit Hans Krankl nicht tun, weil dann ist er nicht zornig, sondern gekränkt. Und wenn er das ist, gibt es kein Zurück mehr, da kracht es, da führt er Glaubenskriege bis hin zur Zerstörung der eigenen beruflichen Basis. Er hätte Rifé auch aussitzen können, weil der letztlich in seiner Position ohnehin nicht lange überlebte. Aber das brachte er in seiner emotionalen Aufwühlung, auf seinem Kreuzzug für subjektive Gerechtigkeit nicht zusammen. Dabei war er es gewesen, der eine klare Anordnung seines Trainers missachtet hatte, aber das sah Hans Krankl ganz anders: Rifé hatte ihm etwas weggenommen, ein kleines Privileg zwar nur. Aber das tut man nicht. Nicht grundsätzlich, und schon gar nicht mit ihm.

Wo ich hingehe, weiß ich noch nicht.
Fest steht nur eines: Ich werde nie wieder
den Dress von Barcelona anziehen.

Hans Krankl im Jänner 1980

Während Krankl daheim in Wien schmollte und auf seine Rückholung durch Rapid hoffte, war in Barcelona die Hölle los. Der Däne Alan Simonsen sagte in einem Interview: „Nach Hans

Krankls Abgang hält mich nichts mehr in Barcelona. Ich will wieder zurück in die deutsche Bundesliga." Und nach einem 0:2 im Derby gegen Espanyol brachen alle Dämme: Zwischen Präsident Nunez und einem Reporter kam es zu Handgreiflichkeiten, der Argentinier Heredia packte seine Koffer, flog heim und kündigte an, nie wieder zurück zu kommen, der Vorstand traf sich zu einer Krisensitzung, bei der auch der Verkauf Krankls besprochen wurde. Aber für Rapid war die geforderte Ablöse von einer Million Dollar letztlich ein zu großer Brocken.

Und neuerlich drohte die Situation zu eskalieren: Barca forderte den immer noch unter Vertrag stehenden Krankl auf, wieder zurück zu kommen, der damals 27-Jährige ließ jedoch ausrichten: „Ich fahre nie mehr nach Barcelona, höchstens einmal auf Urlaub. Eher beende ich meine Laufbahn." Doch dazu sollte es nicht kommen. Als Krankl zwischen allen Stühlen durchzufallen drohte, wurde am letzten Transfertag kurz vor Mitternacht die Sensation zur Geisterstunde perfekt: Die Vienna, Tabellenletzter der österreichischen Liga, verpflichtete den spanischen Torschützenkönig. Leihweise zwar vorerst nur, aber mit einer Kaufoption im Sommer. Möglich gemacht hatte das Heinz Werner Krause, ehemaliger Fußballer von Fortuna Düsseldorf, Generaldirektor der Firma Rank Xerox und Vienna-Präsident. Da schmunzelte auch der ebenfalls im Winter geholte Gustl Starek, der laut Vertrag bei der Vienna nur im Falle des Nicht-Abstieges das große Geld verdienen konnte: „Meine Aktien steigen."

Hans Krankl schoss sich bei den ersten beiden Testspielen gleich mit elf Toren auf seine neue Aufgabe ein, und auch Teamchef Karl Stotz war heilfroh, dass das zermürbende Hickhack um seinen Topstürmer ein Ende gefunden hatte. Er übergab Vienna-Trainer Kurt Leitner sogar einen eigens ausgearbeiteten

Trainingsplan speziell für Krankl und bat: „Bring ihn wieder in Schuss!"

Krankl war einerseits froh, wieder spielen zu können, innerlich jedoch maßlos enttäuscht, dass er das nicht bei Rapid tun durfte, bei „seinem" Klub.

Sie werden wie ein Rudel hungriger Wölfe über mich herfallen, aber ich werde schneller sein.

Hans Krankl vor seinem Vienna-Debüt gegen Rapid

Und so traf es sich ausgezeichnet, dass gleich die erste Partie im Frühjahr im Weststadion gegen Rapid stattfand. Die Vienna gewann überraschend mit 1:0, das Siegestor schoss Hans Krankl, der danach zum Vulkan wurde und eruptiv seine verbale Lava über jene ergoss, die seiner Meinung nach versagt hatten: „Nichts gegen die Rapid-Mannschaft. Aber ich kann die Funktionäre nicht anders bestrafen als mit Toren. Ich bin überglücklich, dass mir das gelungen ist. Diese Herren haben andere Stürmer eingekauft, die nicht einmal spielen." Zwei Monate später war sein Zorn immer noch mächtig genug, um im Retourspiel nicht nur zwei Tore zum 4:0-Sieg der Vienna zu erzielen, sondern auch noch seinen Freund Herbert Feurer im Rapid-Tor so wuchtig am Kopf zu treffen, dass der mit Gehirnerschütterung ins Krankenhaus gebracht werden musste.

Mit der Wut im Bauch, es Rapid, Barcelona sowie überhaupt gleich weltweit allen zu zeigen, die die Dreistigkeit gehabt hatten, an ihm zu zweifeln, schoss Krankl in 18 Frühjahrsspielen 13 Tore, die Vienna letztlich aber trotzdem nicht vor dem Abstieg retten konnten. Gleichzeitig sorgte er dafür, dass der Tabellenletzte im Frühjahr die meisten Zuschauer aller Wiener

Klubs hatte, mehr als Rapid, deutlich mehr als Meister Austria Wien mit Herbert Prohaska, Walter Schachner und Co.

Als Zeitungsleser machte Hans Krankl in diesem Frühjahr aber mehr als jede Schlagzeile über seine Tore eine kleine Notiz glücklich: Joaquim Rifé wurde bei Barcelona als Trainer entlassen und interimistisch von Helenio Herrera abgelöst: „Da habe ich mich riesig gefreut, aber gleichzeitig auch gedacht, das Kapitel ist vorbei, das habe ich verhaut." Das war ein Irrtum, denn noch einmal blinzelte dem Goleador aus Spanien das vermeintliche Glück zu. Barcelona hatte den damaligen Nationaltrainer Ladislao Kubala aus seinem Vertrag mit dem spanischen Fußballverband frei gekauft, und der sagte noch vor seinem ersten Training: „Wenn ich komme, muss auch Krankl wieder kommen. So einen Goalgetter kann man nicht einfach hergeben." Jetzt mussten sich die hohen Herren wieder auf den Weg in die Wüste machen, in die sie Krankl geschickt hatten.

Aber noch hatte Absteiger Vienna das Vorkaufsrecht um die für Krankls Klasse läppische Summe von 422.000 Euro. Und ausgerechnet die Wiener Austria schmiedete im stillen Kämmerlein den Plan, den Erz-Rapidler zu holen. Vienna sollte Barcelona das Geld überweisen und Krankl unverzüglich an die Austria weiter verkaufen, die den Döblingern dafür auch noch zusätzlich die vier Spieler Jelinek, Borgan, Pfeiler und Marcelo überlassen wollte. Aber die Vienna ließ die Frist verstreichen, und damit war auch dieser Plan gestorben.

Am 4. Juli landeten Helenio Herrera, der sich auf die Position des Sportdirektors zurückgezogen hatte, der neue Trainer Kubala und Krankl-Freund Gaspart in Wien, um die Aktion „Holt Hansi" in die Wege zu leiten. Kubala sagte dabei den entscheidenden Satz: „Du bist mein Mittelstürmer und kein anderer. Ich will, dass du wieder für Barcelona spielst."

Zwei Tage später wurde in Gasparts feudalem Landhaus die Rückkehr fixiert. Krankl erhielt einen neuen Vertrag, mit dem er noch vor Alan Simonsen und Kapitän Juan Asensi der Topverdiener Barcelonas wurde und Präsident Nunez streckte ihm die Hand entgegen: „Schlag ein, Hans. Was war, soll vergessen sein." Kubala küsste ihn auf beide Wangen und sagte: „Du wirst bei uns wieder viele Tore schießen." Das war eine Inszenierung ganz nach dem Geschmack des Goalgetters, der im Zorn und im Streit gegangen und als allseits hofierter Hoffnungsträger zurückgekehrt war. Und Kubalas Prognose schien sich auch zu erfüllen: In zehn Vorbereitungsspielen schoss Hans Krankl neun der insgesamt 19 Barca-Tore.

Aber der Start in die Meisterschaft missriet völlig. Barcelona holte in den ersten fünf Spielen nur vier Punkte, lag an zwölfter Stelle der Tabelle. Nach Niederlagen gegen Valencia und Osasuna bestiegen Nunez und Gaspart wieder ein Flugzeug, und das sollte sich auf Krankls Zukunft in Spanien verheerend auswirken. Die Destination war Köln, das Objekt der Begierde der „blonde Engel" Bernd Schuster. 1,8 Millionen Euro für Köln und eine Jahresgage von 300.000 für Schuster waren ausreichende Argumente für einen Wechsel. Aber Trainer Kubala spielte anders, als das im Drehbuch der Barca-Bosse vorgesehen war: „Die Neuerwerbung Schuster kommt für mich nicht in Frage, ich behalte Krankl und Simonsen", stellte er klar und ließ sich demonstrativ mit den beiden Legionären fotografieren. Das war mutig und tolldreist zugleich, denn nun saß Barcelonas teuerster Spieler nur auf der Tribüne, weil lediglich zwei Ausländer angemeldet sein durften. Krankl bedankte sich zwar mit dem

Siegestor gegen Las Palmas, aber es war klar, dass die nächste Niederlage alles ändern würde.

Die kam daheim mit einem 1:3 gegen Sevilla. Funktionäre wurden von aufgebrachten Anhängern verprügelt, die während der Partie in Sprechchören den auf der Tribüne sitzenden Bernd Schuster gefordert hatten. Damit stand fest, dass Krankls oder Simonsens Zeit abgelaufen war, und vieles deutete auf den kleinen Dänen hin, der sich seit geraumer Zeit ohnehin nicht mehr besonders wohl fühlte und bereits einen Vorvertrag mit dem Hamburger SV abgeschlossen hatte. Aber dann fielen genau in diese prekäre Situation Österreichs zwei WM-Qualifikationsspiele gegen Albanien.

> *Ich bin Österreicher – wenn Karl Stotz ruft, dann komme ich. Auch wenn mir Barcelona das Messer ansetzt, ich spiele!*
>
> *Hans Krankl vor den Qualifikationsspielen gegen Albanien*

Dem Druck des Vereins, auf die Länderspiele zu verzichten, gab Krankl nicht nach. Und so las er in der Zeitung, dass Schuster an- und er abgemeldet worden war. Alt gediente Barcelona-Spieler wie Asensi, Rexach und Migueli machten auch öffentlich kein Hehl daraus, dass sie die neuerliche Abschiebung des Goalgetters ins Abseits als schändlich erachteten. Der war tief getroffen und schrieb sich seinen Zorn in der „Krone"-Kolumne von der Seele: „Ich möchte klarstellen: Ich bin Barcelonas bester Torschütze. Neun Tore in zehn Vorbereitungsspielen, in der Meisterschaft drei. Ich bin nicht stolz darauf, aber immerhin bin ich der Beste."

Und so saß beim Heimspiel im UEFA-Cup gegen Köln statt

Schuster Hans Krankl in der letzten Reihe des Nou-Camp-Stadions und erlebte mit der 0:4-Niederlage eine der größten Demütigungen der Klubgeschichte als Zuschauer mit. Die Funktionäre versteckten sich danach in der Kabine und verließen die Arena erst nach Mitternacht unter Polizeischutz durch einen Hinterausgang. Krankl ging vorne raus – mit erhobenem Haupt und gewiss nicht frei von Schadenfreude. Obwohl ihn sein präsidialer Freund Joan Gaspart anflehte, noch ein paar Monate zu warten und in Barcelona zu bleiben, verabschiedete er sich am übernächsten Tag von der Mannschaft, packte seine Koffer und flog heim nach Wien. Am selben Tag wurde nach einer Vorstandssitzung Trainer Kubala gefeuert und durch seinen Vorgänger Helenio Herrera ersetzt. Es war dies in zwei Jahren der fünfte Trainerwechsel bei den Katalanen.

> *Ich habe Barcelona verlassen, weil ich stolz bin.*
> *Wahrscheinlich sogar noch stolzer*
> *als die stolzen Spanier.*
>
> *Hans Krankl nach seiner Rückkehr nach Österreich*

Es dauerte nicht einmal einen Monat, da wollte Barcelona Simonsen ab- und Krankl wieder anmelden, aber für den war die Scheidung auf Raten nun vollzogen. Ihn einmal in seinem Stolz zu verletzen, zieht normalerweise schon lebenslängliche Distanz und Verachtung nach sich. Wohl keiner außer Barcelona hätte überhaupt eine zweite Chance erhalten. Aber jetzt war Schluss. Zum zweiten Mal flog Krankl heim in eine ungewisse Zukunft, anstatt in Nou Camp die höchste Arbeitslosengage der Welt abzusitzen. Wer das als dumm abqualifiziert, hat Hans Krankl nicht begriffen. Er ist wohl alles andere als seines Geldes Feind, aber wenn es ans Eingemachte geht, lässt er sich seine Grundwerte, und zu denen zählt nun einmal der Stolz, um keinen Betrag der

Welt abkaufen. Dann nimmt Hans Krankl lieber wenig als viel, weil die Werte, nach denen er sein Leben ausrichtet, für ihn den größeren Reichtum darstellen.

Das wusste man inzwischen auch in Barcelona und stimmte deshalb im Winter einem Leihvertrag zu, diesmal mit dem „richtigen" Verein: Rapid präsentierte am 23. Jänner die Neuzugänge Anatoli Sintschenko, Antonin Panenka und – Hans Krankl. Im zweiten Anlauf hatte die Heimkehr nach Hütteldorf geklappt, auch wenn erst zwei Monate später bekannt werden sollte, dass Krankl die Leihgebühr von 50.000 Dollar selbst ausgelegt hatte, um bei Rapid seine spanischen Wunden zu heilen. Und um den Torjäger im Sommer fix erwerben zu können, führte Rapid für das Frühjahr sogar einen Zuschlag auf die Eintrittskarten ein, den so genannten „Krankl-Schilling."

Den Krankl hat der Krankl selbst geholt,
sonst niemand. Das Theater um Barcelona hat
ihm geschadet. Aber Tore sind immer noch
die beste Antwort, besonders,
wenn man sie fast gratis schießt.

Michael Kuhn in der „Krone"

Barcelona brachte die Trennung von Krankl vorerst kein Glück. Zunächst pfiff Diego Maradona auf seinen Vorvertrag mit den Katalanen und wechselte von Argentinos Juniors zu Boca Juniors. Wenig später wurde Krankls Stürmerkollege Enrique Castro, genannt Quini, von Kidnappern entführt. 25 Tage lang hielten ihn ein bis dahin unbescholtener Elektroinstallateur und zwei Komplizen in einem zwei mal drei Meter kleinen Kellerverlies in Saragossa fest. Die Polizei befreite ihn, als sein Bewacher am 25. März im Fernsehen die Übertragung von Spaniens 2:1-

Sieg gegen England im Wembley-Stadion verfolgte. Die Kidnapper begründeten Quinis Entführung so: „Weil er so populär und Barcelona so reich ist."

Und spätestens da war Hans Krankl heilfroh, wieder daheim zu sein.

10

ZWEI ALPHA-MÄNNCHEN

1971 hatte Hans Krankl seinen ersten Vertrag bei Rapid erhalten – mit einer festgeschriebenen Monatsgage von 1.000 Schilling (73 Euro), die zwei Jahre später auf 3.500 erhöht wurde. Als er am 13. Juni 1973 im Wiener Stadion gegen Brasilien in der Nationalmannschaft debütierte und danach mit Clodoaldo den ersten Leiberltausch seines Lebens vollzog, war er sicher der mit Abstand billigste Teamspieler auf dem Platz. Zehn Jahre nach Abschluss des 1.000-Schilling-Vertrags kam er als Topverdiener und Topstar aus Barcelona zu seinem Stammverein Rapid zurück, der in der Herbsttabelle neun Punkte hinter Winterkönig Sturm Siebter war.

Geschäftsführer Heinz Holzbach hatte somit im zweiten Anlauf geschafft, was ihm Anton Benya, die graue Rapid-Eminenz, bereits ein Jahr davor nach der ersten Spanien-Flucht des Torjägers aufgetragen hatte: „Bring den Krankl heim, sonst kannst auswandern!" Dabei hatte der Goalgetter wenige Tage vor seiner Rapid-Präsentation am Rande des Hahnenkammrennens in Kitzbühel ausgerechnet mit Austria Wiens Geschäftsführer Dr. Erik Geutner ein „informatives Gespräch" geführt: „Das war, weil der so ein netter Mensch war und mit mir reden wollte. Ich wäre nie zur Austria gegangen", schwört Krankl heute. Es sei ihm geglaubt.

In seinen ersten sieben Rapid-Saisonen war Krankl zwar drei Mal Schützenkönig geworden, und auch in Spanien hatte er den von Mario Kempes gehaltenen Rekord mit seinen 29 Saisontoren auf Anhieb übertroffen – aber Meister zu werden, war ihm noch nirgends vergönnt gewesen. Das zu ändern, war sein erklärtes Ziel nach der Rückkehr zum Klub seines Herzens. Viel hätte nicht gefehlt, und es wäre gleich im ersten Halbjahr so weit gewesen, aber die schlechte Herbstsaison war nicht mehr gut zu machen. 16 Krankl-Tore im Frühjahr brachten ihn selbst aber mit nur 18 Spielen sogar noch an die zweite Stelle hinter Torschützenkönig Gernot Jurtin (Sturm Graz/19) sowie Rapid noch auf den dritten Platz und damit in den UEFA-Cup.

Es deutete sportlich mit der Rückkehr des verlorenen Sohnes also schon in den ersten Monaten vieles auf bessere Zeiten in Grün-Weiß hin. Atmosphärisch jedoch taten sich gleich zwei Konfliktherde auf: Mit dem damaligen Trainer Walter „Schani" Skocik und mit dem Abwehrchef und damaligen Mannschaftskapitän Heribert Weber. Dieser war von Sturm Graz nach Wien gekommen, als Krankl zu Barcelona wechselte und hatte sich bei Rapid inzwischen zum Chef der Truppe gemausert.

Jetzt war plötzlich ein zweites „Alpha-Männchen“ da, und es bildeten sich rasch zwei Gruppen: Die Wiener, die sich um die neue alte Lichtgestalt Krankl scharten, und die von jenen wenig schmeichelhaft als „G'scherte“ titulierte Gruppe um den Steirer Heribert Weber mit den Burgenländern Kurt Garger und Christian Keglevits als Gefolgsleuten: „Die von der Weber-Bande hatten beim Hans natürlich den entsprechenden Stellenwert. Mit Weber 90 Minuten spielen war okay, aber davor und danach ist er in seinem Bekanntenkreis nicht vorgekommen“, erzählt Garger. Weber ergänzt: „In der schlimmsten Zeit war es so, dass einer ‚seiner' Leute nicht bei uns am Tisch sitzen durfte.“ Josef Hickersberger, nach seinen Legionärsjahren in Deutschland und der Station Innsbruck zum Karriere-Ausklang als Leitwolf des jungen Rapid-Rudels geholt, sieht das so: „Das hatte mit den Persönlichkeiten und dem Streben zu tun, Leader dieser Mannschaft zu sein. Die war unterteilt in die ‚gruppa ultima Krankl', die Gruppe Weber und ein paar Autonome wie Panenka oder mich.“

> *Heribert Weber hat den Konflikt mit mir aufgrund seiner Klasse und Führungspersönlichkeit gesucht, weil er der einzige war, der sich das getraut hat.*
>
> *Hans Krankl*

Das Symbol der Führerschaft in der Truppe, die Kapitänsschleife, ging im Sommer von Weber auf Krankl über, und Geschäftsführer Heinz Holzbach ernannte im Gegenzug wenig später Heribert Weber zum Rapid-Ehrenkapitän auf Lebenszeit. „Es war schon ungewöhnlich, dass mir das nach nur drei Jahren bei Rapid zuteil wurde“, sagt Weber heute: „Aber vielleicht dachte man einfach, ich bin ein besonderer Spieler, dem etwas Besonderes gebührt. Aber das hätten sich der Krankl, der Happel, der

Hasil und einige andere genauso verdient." Krankl jedenfalls konnte sich mit der Auszeichnung des Kollegen nicht aus vollem Herzen identifizieren: „Der Hans", erinnert sich Kurt Garger, „ist zwei Mal um die Erdachse rotiert. Ein Steirer als Ehrenkapitän von Rapid, das war für ihn wie ein Stich mitten ins Herz."

Weber damals statt Krankl zum Rapid-Ehrenkapitän zu machen war wie Effenberg statt Beckenbauer bei Bayern München.

Peter Pacult

Die Hahnenkämpfe der Häuptlinge waren jedoch nicht zum Schaden von Rapid. Im Gegenteil: Die Reibungsenergie, die zwischen Weber und Krankl entstand, sollte noch ihren Teil dazu beitragen, dass der Verein die erfolgreichsten Jahre seit langer Zeit erlebte. Denn so unterschiedlich die Kampfhähne in ihren Charakteren und ihren Vorstellungen waren, auf dem Platz wollten beide dasselbe – gewinnen: „Er war ein toller Spieler, ein Winnertyp. Es gab außer mir keinen, der so war – nur den Heri. Da hat er heraus geragt, und unsere Konflikte sind für mich heute zum Schmunzeln. Damals waren sie sicher ernster", zollt Krankl Klasse und Einstellung des Kollegen größten Respekt.

Im Sportlichen lässt auch Weber nichts über Krankl kommen: „Auf dem Feld haben wir uns ja bestens verstanden, weil wir beide nie einen anderen Gedanken hatten als zu gewinnen. Da kann jeder sagen, wir haben uns nicht leiden können, aber ich hab' ihm drei Mal die Woche geflankt und er hat geköpfelt und volliert, weil er gesagt hat, flank mir du, weil du das am besten kannst. Da muss ich auch sagen, wie perfekt der war mit dem linken Fuß und wie sensationell der geköpfelt hat, das habe ich in 30 Jahren im Fußball nie mehr gesehen und erlebt."

Neben den persönlichen Animositäten war der Kampf der Alpha-Männchen gewiss auch in ihren Positionen und Aufgaben im Spiel begründet. Weber wollte und musste Tore verhindern, Krankl wollte und musste sie schießen: „Heri hat das Spiel von hinten gesehen, in erster Linie auch die Arbeit des Hans nach hinten, und Krankls Hauptaugenmerk lag auf der Offensivkraft von hinten, auf den Pässen und Flanken, die er brauchte, um erfolgreich zu sein", beschreibt Josef Hickersberger die unterschiedlichen Interessenslagen. Dazu kam, dass es Weber zur Weißglut brachte, wenn Krankl die Verdienste seiner Mitspieler zu wenig würdigte oder sogar bei einem Rapid-Sieg stinksauer war, wenn er kein Tor dazu beigesteuert hatte: „Aber er ist halt nur nach diesen Toren bewertet worden, und das ist auch von der Öffentlichkeit das Falsche. Er hat das sehr früh begriffen, dass das der einzige Maßstab ist, ob er gut oder schlecht wegkommt, und das entwickelt in einem Menschen einen extremen Egoismus – dieses: Ich muss Tore schießen, ich, ich, ich muss!"

Von der Rapid-Schülermannschaft bis zu Salzburg mit 36 Jahren war ich todtraurig, wenn wir gewonnen haben und mir kein Tor gelungen ist. Und das ist die richtige Einstellung, um ein Großer zu werden.

Hans Krankl

Im Inneren eines Menschen geht es wohl auch dann um die Bewertung durch die Außenwelt, wenn man darüber grundsätzlich erhaben ist. Denn Heribert Weber legt auf eines Wert: „Ich war nie auf die Popularität des Hans eifersüchtig, ich könnte gar nicht so öffentlich sein wie er. Mir hat einfach manchmal gefehlt, dass er einmal gesagt hätte: Wir haben dieses Spiel gewonnen, weil unsere Mannschaft so gut war." Hannes Winklbauer, wie

Weber früher Libero in der Nationalmannschaft, versteht ihn da gut: „Wenn du so bist wie der Heri war oder auch ich, dass du dich 90 Minuten lang mit dem Schädel voran ins Getümmel wirfst, und der Hans, so wie er in seinen späteren Jahren war, lehnt vorne 90 Minuten, haut ihn dann rein, zeigt auf und lässt sich abbusseln, während dir hinten der Dreck vom Laufen rein rinnt, ist ein innerer Konflikt logisch." Aber Winklbauer weiß auch, dass der Torjäger immer in der besseren Position ist: „Der Tormann kann schon ein Gegentor verhindern und der Libero das Spiel hervorragend organisieren. Aber der ganze Trichter eines Spiels geht in eine kleine Düse, und die ist das gegnerische Tor. Und der, der die Geschichte vollendet, ist der, der am meisten verehrt wird."

Die Zeit mit ihm habe ich auch genossen,
weil sie sehr erfolgreich war. Die Kritikpunkte
gab es, weil zwei Menschen mit völlig
unterschiedlichen Lebensphilosophien aufeinander
trafen, die aber doch beide das Gleiche wollten.
Es waren zwei verschiedene Wege
mit demselben Ziel.

Heribert Weber

In erster Linie waren Heribert Weber und Hans Krankl aber genau solche Spielertypen, wie sie Rapid benötigte, um nach 14 Jahren Durststrecke wieder auf den Meistertitel losgehen zu können. Und mit dem Tschechen Antonin Panenka war noch ein absoluter Klassespieler an Bord gekommen. Aber schon früh begannen Krankls Reibereien mit Trainer Walter Skocik. Kurt Garger erinnert sich: „Mir war sehr schnell klar, dass das mit den beiden nicht lange gut gehen konnte. Skocik war ein naturbelassener, einfacher Trainer, der seine Qualitäten nicht im Umgang mit Starspielern hatte, und als solcher war der Hans nun einmal aus Barcelona zurückgekommen. Aber der Schani hat von ihm erwartet, dass er in jedem Training vorne das Pressing allein macht und immer rein geschrien, er soll mehr laufen. Und der hat zurück raus gebrüllt: Viel laufen hast du früher müssen, weil du immer deinen eigenen Fehlpasses nachgerannt bist."

Gargers Ahnung wurde schon bald Gewissheit, denn als Rapid den Meistertitel im Saisonfinish zu verspielen drohte, waren auch die Streithansel Weber und Krankl einig, dass Skociks ehrgeiziges Bestreben, dadurch Erster zu werden, indem er aus jedem das Allerletzte heraus holen wollte, nicht zum Ziel führen würde. Hans Krankl beschreibt, was dann passierte: „Skocik ist ein wunderbarer Mensch, aber als Trainer ein sturer Hund. Ich bin mehrmals zu ihm und habe gesagt: Schani, die Spieler sind tot, wir können nicht mehr, er hat das aber ignoriert. Darauf hin haben Heri und ich das Gespräch mit Holzbach gesucht und ihm gesagt, dass wir nicht Meister werden, weil uns der Trainer umbringt. Wir haben das sicher nicht gern getan und auch nicht hinter seinem Rücken, sondern oft genug auch mit Skocik selbst geredet, aber wir haben ihn im Endeffekt eliminiert. Ich habe mich später dann mit ihm ausgesprochen, weil er wirklich ein feiner Kerl ist."

Der ruhige Rudi Nuske, bis dahin Assistenztrainer, erntete auf diese Art statt Skocik Rapids ersten Meistertitel seit 1968. Als der am 25. Mai 1982 mit einem 5:0-Kantersieg gegen Wacker Innsbruck würdig fixiert wurde, war aber auch Krankl nicht dabei. Der musste nämlich eine Sperre absitzen, die er sich nach einer Tätlichkeit im Spiel gegen Admira/Wacker drei Runden davor eingehandelt hatte. Dem Jubel über den ersten Meistertitel seiner Karriere tat das aber keinen Abbruch. Dass er ein Jahr später auch den zweiten Titelgewinn nur von heraußen erleben sollte, konnte er zu diesem Zeitpunkt noch nicht wissen. Nur sehr abergläubische Menschen würden das aber für eine Tachtel des Schicksals halten, weil er Skocik den Titel aus der Biographie gestrichen hat.

Mit dem nächsten Trainerwechsel hatte Krankl nichts zu tun, aber er sollte ihm und Rapid sehr zum Vorteil gereichen, auch wenn er Anfangs lieber den sanften Nuske weiterhin auf der Kommandobrücke flüstern gehört hätte: „Wir mochten den alle sehr gern, aber wahrscheinlich wären wir ihm über den Kopf gewachsen, und es wäre eine gewisse Anarchie entstanden", gibt Krankl heute zu. Es kam Otto Baric und mit ihm eine Zeit, die reich an sportlichen Höhepunkten war.

Ich hatte viele große Spieler. Aber der richtigste, der gefährlichste Mittelstürmer war Hansi.

Meistertrainer Otto Baric über Krankl

Da war der zweite Meistertitel in Folge, den Hans Krankl in völlig neuer Rolle zu sichern half. Fünf Runden vor Saisonende foulte ihn im Spiel gegen den LASK Christian Lehermayer so schwer, dass er mit einer Seitenbandverletzung ausschied. Das letzte Saisonspiel in Eisenstadt vor 15.000 Zuschauern am 25. Juni 1983 war entscheidend im Titelkampf. Rapid führte 4:0 und die Anhänger wollten vor Freude das Feld stürmen. Mit Krücken und Gipsbein stellte er sich den Anhängern entgegen und trieb sie wie ein Dompteur auf ihre Plätze zurück. Ein Spielabbruch hätte den Verlust des Meistertitels bedeutet. Es war aber nicht nur dieses Einschreiten, das Otto Baric zur Feststellung veranlasste, Krankl hätte diese Partie mitentschieden, obwohl er nicht spielen konnte: „Er saß neben mir auf der Bank, aber er war im Spiel. Er hatte dieses Fluidum, und er hat die Partie von der Bank aus mit gewonnen. Ich war ein sehr glücklicher Mensch, ihn zu dieser Zeit zu haben."

Rapid holte in dieser Saison nicht nur den zweiten Meistertitel in Serie, sondern mit einem 8:0-Gesamtscore (vier Krankl-Tore) in zwei Finalspielen gegen Innsbruck auch den Cupsieg.

Wie wichtig Baric in dieser Zeit für Rapid war, unterstreichen alle, die dabei waren. Heribert Weber bewundert das taktische Geschick des Kroaten: „Er hat extrem gut erkannt, dass die Reibereien zwischen Hans Krankl und mir der Mannschaft sehr gut getan haben. Er hatte zwei Pole, die einander perfekt ergänzten, um eine Mannschaft zu bilden, die Erfolg hat. Und er dachte: Nur ja nicht anstreifen bei den beiden und hat uns da wirklich innerhalb der Mannschaft arbeiten lassen und Freiheiten gegeben, die sensationell waren und uns sehr gut getan haben."

> *Baric, der alte Taktiker vor dem Herrn, hat abwechselnd gesagt: „Hansi, du bist der Größte!" und „Heri, du bist der Größte!" Bis die zwei dieses Spiel durchschaut hatten, waren wir Meister, Cupsieger und im Europacupfinale.*
>
> *Kurt Garger*

Auch Krankl fällt zu Baric nur Positives ein: „Alles, was ich heute in Motivation kann, habe ich von Otto gelernt. Und was mir am meisten Respekt vor ihm abnötigte, war dieses Auge, genau zu erkennen, was in einer Mannschaft noch fehlt und dann auch noch den richtigen Spieler zu finden. Wenn ich nur an Kranjcar oder Brucic denke, das waren genau die, die uns noch gefehlt hatten, um noch besser zu werden. Er ist für mich ein absoluter Toptrainer und einer der besten, die ich je hatte." Im

Double-Jahr 1983 setzte sich Krankl übrigens zum vierten und letzten Mal die österreichische Torjäger-Krone auf.

Dass aber der Meistertrainer und die starke Mannschaft den dritten Rapid-Titel in Folge nicht schafften, weil sich den die Wiener Austria mit dem aus Italien heimgekehrten Herbert Prohaska schnappte, war nur im ersten Moment bitter und sollte sich – wie neun Jahre später bei Austria Salzburg – als großer Glücksfall erweisen. Auf einer anderen Ebene, einer größeren, der internationalen. Denn nun spielte Rapid im Europacup der Cupsieger und schrieb ein Jahr lang Fußballgeschichte. Mit Hans Krankl als Hauptdarsteller in diversen Rollen.

Gegen Erstrundengegner Besiktas Istanbul war schon nach dem Heimspiel mit 4:1 alles gesagt, in der Türkei erreichte Rapid ein 1:1-Unentschieden. Im Achtelfinale wartete mit Celtic Glasgow schon ein härterer Brocken, aber durch Tore von Peter Pacult, Leo Lainer und Hans Krankl gewannen die Hütteldorfer das Match in Wien mit 3:1 und nahmen noch nicht so ernst, was Celtics Manager David Hay noch im Kabinengang ankündigte: „Euch steht ein Marsch in die Hölle bevor." Am 7. November 1984 war im Celtic-Park von Glasgow klar, was er damit gemeint hatte. Die Partie artete zum Skandalspiel aus, das dem schwedischen Schiedsrichter Kjell Johansson völlig entglitt. Rapids Rudi Weinhofer wurde von einem Gegenstand, ursprünglich hieß es, es wäre eine Whiskyflasche gewesen, am Kopf getroffen, musste mit einer Rissquetschwunde und einer Gehirnerschütterung vom Platz getragen werden. Die Partie war 18 Minuten unterbrochen, Rapid wollte abtreten, spielte aber dann zu zehnt weiter, weil das Austauschkontingent schon erschöpft und Weinhofer nicht mehr einsatzfähig war. Am Ende hieß es 3:0 für Glasgow, Rapid legte Protest ein.

Nicht minder skandalös als das Spiel war der Spruch der Kontroll- und Disziplinarkommission der UEFA am 15. November in Zürich. Das 3:0 für Celtic wurde beglaubigt, der ausgeschlossene Reinhard Kienast vier Spiele gesperrt, Otto Baric, der den Referee geschimpft hatte, musste für drei Spiele auf die Tribüne und Rapid mit 15.000 Schweizer Franken auch noch um 3.000 mehr Strafe zahlen als die Schotten. Die Wiener beeinspruchten das unverzüglich, aber so richtig glaubte niemand mehr an Gerechtigkeit.

Und hätte es die letztlich nicht doch noch gegeben, wäre Hans Krankl möglicherweise nach Spanien zurückgekehrt. Denn Rapid war Barcelona immer noch eine Rate für den Goleador schuldig, und deshalb hatten die Katalanen folgenden Plan ausgearbeitet: Sie wollten Krankl zurückholen und ihn an den Zweitligisten aus Sabadell, einem Vorort Barcelonas, verleihen, der große Aufstiegsambitionen hegte. Man wartete aber die Berufungsverhandlung ab, weil man sich geeinigt hatte, dass dieser Plan nur umgesetzt werden könnte, wenn Rapids Ausscheiden aus dem Europacup bestätigt würde.

Zu dieser Verhandlung reiste diesmal auch Hans Krankl an. Er war der Kronzeuge, der bestätigen sollte, dass sich Referee Johansson trotz der langen Matchunterbrechung Weinhofers Verletzung nicht angesehen hatte. Und der Kapitän war so überzeugend, dass der Skandalspruch der Erstinstanz aufgehoben und eine Neuaustragung der Partie auf neutralem Boden verfügt wurde. Das Spiel wurde für 12. Dezember in Manchester angesetzt, was besonders Hans Krankl als Fan der ManU-Mannschaft von 1968 mit seinem Idol George Best, Bobby Charlton und Denis Law freute. Aber am Tag nach der Berufungsverhandlung platzte sein Traum von Old Trafford äußerst schmerzhaft.

Im Spiel gegen VÖEST Linz krachte er bei einem Luftduell mit Georg Zellhofer zusammen und erlitt einen Jochbeinbruch. Zum zweiten Mal wurde Linz für ihn zum Unglücksboden, denn im Frühjahr 1983 hatte Lehermayers Foul seinen Einsatz im Saisonfinish verhindert.

Und so war geplant, Krankl in Manchester als Meldegänger zwischen dem auf die Tribüne verbannten Otto Baric und der Rapid-Trainerbank einzusetzen. Für Disziplin auf dem Rasen sollte in dieser Partie der italienische Star-Schiedsrichter Luigi Agnolin sorgen, dessen Interpretation von Zucht und Ordnung ihm wegen folgender verbaler Entgleisung gegenüber Juventus-Stars in der Vergangenheit schon einmal eine viermonatige Sperre eingetragen hatte: „Ihr Arschlöcher, ich werde euch schon zeigen, wie man sich aufführt und auf dem Fußballplatz zu benehmen hat."

Wie man sich abseits des Rasens benimmt, wussten auch auf neutralem Boden viele der mitgereisten 41.000 schottischen Fans nicht. Deshalb disponierte auch Hans Krankl um und setzte sich entgegen der Anordnung von Klubarzt Dr. Max Schmidt für alle Fälle trotz Jochbeinbruchs auf die Ersatzbank.

> *Bei dieser feindseligen Stimmung*
> *kann ich meine Kameraden nicht im Stich lassen.*
>
> *Hans Krankl vor dem Entscheidungsspiel in Manchester*

Dem 31-jährigen John Tobin aus Coventry konnte dann jedoch nicht einmal der gestrenge Signore Agnolin seine Vorstellungen von Benehmen auf dem Rasen vermitteln. Tobin rannte in der 64. Minute nämlich nicht nur auf das Spielfeld, sondern auch Rapids Tormann Herbert Feurer um. Der Keeper stand auf, schüttelte sich kurz und spielte weiter, als ob nichts gewesen wäre. Und das war gut so, denn Rapid führte durch Peter Pacults legendäres Tor in der 18. Minute mit 1:0, und das blieb auch bis zum Ende so. Rapid war ins Viertelfinale aufgestiegen, alle Spekulationen über einen Vereinswechsel von Hans Krankl hatten sich hiermit erübrigt, und der gute Mister John Tobin aus Coventry konnte in den folgenden drei Monaten nur noch gegen seine Zellentür im Polizeigefängnis von Manchester rennen.

Zwei Mal hatte Krankl als Kapitän geholfen ohne zu spielen. Bei der Berufungsverhandlung in Zürich als derjenige, der die Senatsmitglieder überzeugte, in Manchester dadurch, dass er sich verletzt auf die Bank setzte, um seinen Kameraden zu signalisieren: Ich bin bei euch. Das ist, was Krankl als „sozialen Egoismus" bezeichnet, seine Fähigkeit, mit seiner starken Persönlichkeit für die Mannschaft da zu sein, ohne selbst im Mittelpunkt zu stehen. Und das ist es wohl, was Otto Baric mit der Diagnose meinte: „Er war ein Führer, aber nicht einer, der sich wichtig gemacht hat."

Im Frühjahr 1985 folgte die legendäre Aufholjagd gegen Dresden, bei der Rapid dem 0:3 aus dem Auswärtsspiel daheim am 20. März einen 5:0-Kantersieg folgen ließ und im Halbfinale Dynamo Moskau mit einem Gesamtscore von 4:2 ausschaltete. Zum zweiten Mal nach 1979 stand Hans Krankl damit in einem Europacupfinale. In Rotterdam wartete am 15. Mai als Gegner die bereits als neuer englischer Meister feststehende Mannschaft von Everton. Stadtrivale Liverpool war damit entthront, stand aber im Meistercup im Endspiel und sollte dort zwei Wochen später im Heysel-Stadion von Brüssel auf Juventus Turin treffen.

Heri Weber war einer, der mit mir dieses Finale gewinnen wollte. Aber da waren drei, vier in unserer Mannschaft, die nicht bereit waren, bei denen die selbstgefällige Zufriedenheit, überhaupt dort angelangt zu sein, ein Mehr verhindert hat.

Hans Krankl

Krankl hatte im Vorfeld noch gemeint, ein Finalsieg mit Rapid würde ihn mehr freuen als der mit Barcelona in Basel gegen Fortuna Düsseldorf. Aber es kam nicht einmal annähernd dazu, die beiden Freuden gegeneinander aufwiegen zu müssen, denn die Engländer waren Rapid, das noch dazu auf Panenka, Willfurth und Brucic verzichten musste, an diesem Abend eine Nummer zu groß. Everton konnte sich nur zwei Wochen über den Triumph freuen. Nach Heysel gab es für dieses Gefühl keinen Platz mehr.

Bei Rapid löste sich das Erfolgsgefüge langsam auf. Otto Baric verließ den Klub, wurde von Vlatko Markovic beerbt. Hans Krankls Abgang – ein halbes Jahr später – war für ihn auch eine Geschichte, die ihn als „sozialen Egoisten" zeigte, eine Einschätzung, mit der sich Heribert Weber in der gemeinsamen Zeit so schwer tat. Die Klubführung hatte ein Trainingslager in Usbekistan geplant: „Ich sagte zu Holzbach: Wir fahren dort nicht hin. Keiner in der Mannschaft wollte dorthin, aber ich hab es ausgesprochen. Ich holte mir den Weber, den Feurer und den Bernd Krauss und wir waren uns einig. Im Endeffekt haben sich alle umdrehen lassen und sind dorthin geflogen. Ich bin nicht in Usbekistan gelandet, sondern beim Wiener Sportklub."

Dort schoss er noch ein paar Jahre im Schnitt seine 20 Tore, ehe es in Krems für einen früheren Weltklassespieler eher unwürdig dem Ende zuzugehen schien. Doch dann kam der Anruf aus Salzburg, das Tor des Jahres gegen Kufstein und ein Hans Krankl, dessen Haupthaar inzwischen in grau-metallisé gehalten war, der aber noch einmal zeigen konnte, welch großartiger Stürmer er gewesen war und die Salzburger zurück in die 1. Liga schoss.

An die große Zeit bei Rapid erinnern sich die beiden Alpha-Männchen Krankl und Weber gleichermaßen gern zurück. Und man wird das Gefühl nicht los, dass die gegenseitige Wertschätzung mit den Jahren, die seither ins Land gezogen sind, unverkrampfter möglich ist. Krankl hat seinem Berater Skender Fani einst anvertraut: „Ich möchte nie mit dem Weber zum Heurigen gehen, aber ich will immer, dass er in meiner Mannschaft spielt."

Jetzt sind beide über 50 Jahre, haben auch in ihre Schwarz-Weiß-Welten ein wenig Grau hinein gelassen und würden einander wohl auch beim Heurigen schon recht gut vertragen.

11

HANS OHNE GLÜCK

Hans Krankl kann auf eine außergewöhnliche Karriere als Spieler zurückblicken: Zwei Meistertitel und vier Cupsiege mit Rapid, vier Mal österreichischer, einmal spanischer Torschützenkönig, ein gewonnenes und ein verlorenes Europacupfinale, insgesamt 354 Tore in 473 Erstligaspielen für Rapid, Vienna, Wiener Sportklub und den FC Barcelona. Ein Goldener und ein Silberner Schuh als erfolgreichster und zweitbester Torschütze Europas und dazu der zweite Platz bei Europas Wahl zum „Fußballer des Jahres 1978." Bis heute hat er die meisten Europacuptore für Rapid geschossen (18), hinter Robert Dienst (307) gemeinsam mit Franz Binder mit 267 die zweitmeisten in der Meisterschaft und hinter Binder (60) mit 51 auch die zweitmeisten im heimischen Cup. Er führte Rapid sechs Jahre lang als Kapitän, wurde vor Ernst Happel und Gerhard Hanappi zum „Rapidler des Jahrhunderts“ gewählt. Das ist eine erstklassige Visitenkarte und ein beeindruckender Leistungsnachweis für einen der besten Fußballer Österreichs.

„Natürlich denke ich heute nur noch an die Highlights zurück“, sinniert Hans Krankl im Liegestuhl in Jesolo, „daran, wie gut, wie besonders gut ich war. Aber wenn ich tief in mich gehe, weiß ich, dass es auch die kargen Zeiten gegeben hat, in denen mich die Leute geschimpft haben, wo sie die Witze gerissen haben, dass ich 90 Minuten auf einem Regenwurm stehe, Zeiten, in denen ich sechs Wochen kein Tor geschossen habe und jeden Tag in der Zeitung stand: Krankl kaltgestellt!“ Aber das waren die normalen Talsohlen, die jeder Mensch in jeder Lebens- und Berufssituation einmal zu durchwandern hat. Im Endeffekt konnte er sich als Spieler mit seiner besonderen Klasse stets am eigenen Schopf wieder in neue sportliche Höhen hinauf ziehen.

Als Hans Krankl im Sommer 1989 mit 36 Jahren Trainer bei Rapid wurde, begann eine Zeit in seinem Leben, in der er lernen musste, dass ein grausames, sportliches Schicksal genauso punktgenau, hart und unvermittelt treffen konnte wie er früher auf dem Feld mit seinem linken Pratzerl ins Kreuzeck; dass er vom Rand des Spielfelds, fluchend und betend, zappelnd und erstarrend nicht mehr so eingreifen konnte, wie er wollte; dass er seine Mannschaft auf eine Aufgabe vorbereiten konnte, aber auf einmal von so etwas Banalem wie Glück oder Pech abhängig wurde und damit in der Verantwortung für etwas stand, das außerhalb seines Einflussbereiches lag; und dass manchmal lediglich zwölf Sekunden entscheiden können, ob man am Ende als Champion oder als „Schwammerl“ dasteht. 91 Minuten und 48 Sekunden lang führte Rapid im Cupfinale gegen die von Herbert

Prohaska betreute Wiener Austria mit 1:0, auf den ersten Triumph im ersten Trainerjahr fehlte Krankl genau die Zeit, um einmal bis zwölf zu zählen. Da traf Andreas Ogris zum Ausgleich, und die Austria gewann in der Verlängerung mit 3:1. Auch jeder andere Trainer der Welt hätte in der 90. Minute Stürmer Jan Age Fjörtoft vom Feld geholt, um mit einem defensiveren Spieler das knappe Resultat über die Zeit zu bringen. Krankl hatte also keinen Fehler gemacht, aber er war schon beim ersten Anlauf auf den ersten Titel an diesem 12. Mai 1990 ein Hans ohne Glück.

Für mich ist es ein kompletter Widerspruch,
dass ein Mensch, bei dem das Glück
als Spieler kein Vogerl auf der Schulter war,
sondern ein Adler, der auf seinem Kopf
genistet hat, als Trainer vom Glück
so im Stich gelassen wird.

Hannes Winklbauer, Ex-Nationalspieler und Sportredakteur

Das sollte sich in den folgenden Trainerjahren wie ein roter Faden durch die zweite Karriere des ehemaligen Weltklassefußballers ziehen. So wie ihm auch später in entscheidenden Situationen das Glück fehlte, schien es sein 78-er-Kollege Herbert Prohaska mit diesem Cupfinale fürderhin gepachtet zu haben: „Ich habe ein Cup-Endspiel in letzter Sekunde gewonnen, ein zweites in der Verlängerung und zwei Meisterschaften im Finish. Von diesen vier Titeln hätte ich genau so gut keinen holen können und wäre als Trainer derselbe gewesen, nur dass das ein anderer in seiner Biographie stehen hätte." Ein WM-Kollege von 1978 war es auch, der den früheren Torjäger ein Jahr später im Cupfinale neuerlich am Abschluss hinderte: Willy Kreuz gewann am 30. Mai 1991 als Trainer des Zweitligisten Stockerau sensationell das Endspiel gegen Rapid mit 2:1 und ramponierte damit

Krankls Nimbus als vermeintlicher Trainer-Messias in Hütteldorf nachhaltig.

Das war aber keine Frage von Glück oder Pech, sondern ein schwarzer Tag eines Favoriten gegen einen Kleinen, wie er im Fußball immer wieder vorkommen kann und gegen den ein Trainer von heraußen machtlos ist. Auch der große Ernst Happel hatte mit dem FC Tirol wenige Jahre davor gegen Zweitdivisonär Krems in zwei Endspielen den kürzeren gezogen. Michael Kuhn schrieb nach der Stockerau-Pleite in der „Krone": „Noch fehlen ihm Happels Erfolge. Eines hat er seit Donnerstag mit dem Alten aus Innsbruck gemeinsam: Die Cupniederlage gegen einen Zweitligisten aus Niederösterreich. Krankl steigt wie ein leicht beschmutzter Phönix aus der Asche der Niederlage, weil er als Persönlichkeit ein Phänomen ist. Als Trainer offenbar noch nicht." Bis heute lehnt Krankl die Verantwortung für die Geschehnisse an diesem 30. Mai ab: „Ich nehme alles auf meine Kappe, aber dieses Spiel nicht. Das hat ganz allein die Mannschaft zu verantworten, das hatte mit mir und meiner Trainerarbeit nichts zu tun."

Auch in den internationalen Spielen war Krankls Trainereinstieg von einer gewissen Tragik begleitet: Im Herbst 1990 kam Rapid über Aberdeen und FC Brügge hinweg, ehe im Achtelfinale gegen Lüttich Jan Age Fjörtoft im legendären Nebelspiel einen Elfmeter verschoss, was das denkbar unglückliche Ausscheiden bedeutete. Ein Jahr später gewann Rapid gegen Inter Mailand, wo neben dem deutschen Weltmeister-Trio Andreas Brehme, Lothar Matthäus und Jürgen Klinsmann mit Walter Zenga, Giuseppe Bergomi, Riccardo Ferri, Nicola Berti und Aldo Serena auch fünf italienische WM-Teilnehmer ihr Geld verdienten, daheim mit 2:1 und schied im Rückspiel im Bentegoni-Stadion von Verona am 3. Oktober nach mitreißendem Spiel erst in der Verlängerung und unter kräftiger Mithilfe von Referee George Courtney mit 1:3 aus. Der hatte nämlich Robert Pecl schon nach 17 und Heimo Pfeifenberger nach 111 Minuten ausgeschlossen.

Dass Krankls drei Trainerjahre bei seinem Lieblingsklub nicht von zählbaren Erfolgen begleitet waren, lag jedoch nicht nur daran, dass sich Gott, die Welt und ein grausames Schicksal gegen ihn verschworen hatten, dass ihm das Glück die kalte Schulter zeigte und ihm ein „Intrigantenstadel" das Arbeiten zur beständigen Qual machte. Hans Krankl musste noch lernen – und das auch aus eigenen Fehlern: „Ich habe in den ersten Jahren jede Niederlage persönlich genommen, dachte, warum sind alle nur gegen uns gut, warum lässt mich meine Mannschaft im Stich?" Tagelang sprach der Trainer nach Niederlagen mit seinen Spielern nicht, bis ausgerechnet der auf dem Feld so grimmige und harte, im Leben aber ruhige und sanfte Verteidiger Robert Pecl in die Offensive ging: „Trainer, wir verlieren ein Spiel und du schaust uns nicht an. Du schaust uns am Montag nicht an, nicht am Dienstag und nicht am Mittwoch. Am Donnerstag redest du das erste Mal wieder mit uns und am Samstag müssen wir spielen." Krankl antwortete: „Robert, ich kann euch nach einem verlorenen Match nicht anschauen, weil ich so heiß bin." Darauf Pecl: „Trainer, wir alle verstehen das. Aber es hilft uns nicht weiter."

Es ist wunderbar, Fehler zu entdecken oder darauf hingewiesen zu werden, weil man daraus lernen kann. Ich war nach Niederlagen beleidigt auf die Spieler, auf die Gegner, auf mich selbst und überhaupt. Das war völlig falsch.

Hans Krankl

In vielen Situationen reagierte Krankl am Beginn seiner Trainerlaufbahn noch wie ein Spieler, auch wenn es darum ging, Dampf abzulassen. Da gab es eingetretene Türen, eingeschlagene Fensterscheiben, und es konnte einem Kicker auch schon einmal ein Schuh nachfliegen: „Das ist jung, unerfahren, das ist Emotion, die grundsätzlich gut ist – aber es ist falsch", weiß Krankl heute.

Alle so genannten Klassespieler trainieren in den ersten zwei, drei Jahren noch als Spieler.
Sie kommen als Trainer, sind aber Krankl, Torjäger, Weber, Abwehrchef, Prohaska, Organisator.

Otto Baric

Aber es stimmt nicht, wenn Hans Krankl von mancher Seite bis heute mangelnde Lern- und Kritikfähigkeit unterstellt wird. Er hat bereits in den Anfangsjahren bei Rapid seine Fehler erkannt und daraus gelernt. Einer der letzten Auftritte, bei denen er sich noch wie ein zorniger Kicker und nicht wie ein souveräner Trainer benahm, war das Cupspiel von Rapid in Deutschlandsberg am 9. April 1991, bei dem Andreas Herzog schon nach wenigen Minuten ausgeschlossen wurde, der Favorit zwar zur Pause führte, aber der Trainer spürte, dass harte Worte angebracht waren, um die Partie auch nach 90 Minuten als Sieger zu beenden. Vor allem sein norwegischer Stürmerstar Fjörtoft hatte ihn mit seiner körperlosen Spielweise in den ersten 45 Minuten zur Weißglut gebracht: „Ich bin in die Kabine gestürmt und habe ihn angeschrieen: »Jan Age Fjörtoft, du bist der wärmste Hund, den ich je gesehen habe. Genierst du dich nicht?« Der ist verfallen, war weiß wie eine Wand und keiner hat mehr etwas gesagt. Und ich habe in dem Moment gewusst, das hätte ich nicht tun dürfen, einen Spieler so zu beleidigen." Fjörtoft schoss nach der Pause das 2:0, Rapid gewann 3:1, aber für Krankl gab es etwas zu tun. Er zog den Norweger zur Seite, entschuldigte sich bei ihm zunächst unter vier Augen und am nächsten Tag noch einmal vor der ganzen Mannschaft.

Man kann Krankls Trainerjahre bei Rapid in der Retrospektive so bewerten, dass er sich zur falschen Zeit das richtige Paar Schuhe angezogen hat. Man kann aber auch sagen, dass er nirgendwo anders in so kurzer Zeit so viel für seinen neuen Beruf hätte lernen können. Und beide Betrachtungsweisen müssen einander nicht widersprechen: „Rapid ist keine Spielwiese für Lehrlinge, und das war der Hans damals noch", bilanziert der Fußballexperte der „Kronen Zeitung", Peter Linden, fügt aber hinzu: „Man kann ihm seine mangelnde Erfahrung trotzdem nicht vorwerfen, weil in entscheidenden Situationen so viel Pech dabei war. Da waren lauter Sachen, für die er nichts konnte, die auch hätten anders laufen können. Das hatte mit seiner Trainererfahrung nichts zu tun." Peter Schöttel, heute Sportdirektor bei Rapid, damals Spieler unter Krankl, bestätigt: „Wir, die dabei waren, wissen, dass vieles einfach Unglück war. Es hat nicht sein sollen. Und in Europacupspielen wie dem gegen Inter war schon eine gewisse Tragik, weil gerade dem Hans mit seinem Hintergrund als Spieler internationale Erfolgserlebnisse besonders gut getan hätten."

> *Ich könnte heute zwei Cupsiege haben. Aber wäre ich dann jetzt ein besserer Trainer? Wäre ich deswegen heute Nationaltrainer von Brasilien?*
>
> *Hans Krankl*

Manche meinen, Hans Krankl wäre besser beraten gewesen, nicht gleich zu Rapid zu gehen, sondern auch als Trainer klein anzufangen und sich empor zu arbeiten. Dem widerspricht Hannes Winklbauer, der selbst nach seiner aktiven Zeit bei Salzburg Trainer gewesen war: „Grundsätzlich muss man schon sagen, dass solche genialen Fußballer wie er in Schemen denken, in einer gehobenen Klasse, wo man auch im Trainerjob eine andere Ausgangsposition hat, weil man auf höchstem Niveau weiß, wie es geht. Es war ja auch Johan Cruyff nicht Nachwuchstrainer bei Ajax Amsterdam, es hat auch Franz Beckenbauer nicht zuerst die Miniknaben von Bayern München trainiert und war nicht der Co-Trainer von Helmut Schön. Nur: Wenn Krankl dann halt bei Rapid Trainer wird und er hat nicht so gute Spieler wie einst Mitspieler in Barcelona und er muss denen den kleinen Weg zeigen und sich mit den kleinen Sorgen kleiner Fußballer auseinander setzen, ist das für ihn Neuland. Vielleicht hatte er als Vereinstrainer das Pech, nie bei einer Mannschaft gewesen zu sein, wo die kleinen Sorgen keine Rolle spielen."

Nach Rapid kam Hans Krankl zu einer Mannschaft mit den kleinsten Sorgen der Welt und war am Beginn seiner Trainertätigkeit in Mödling am Stadtrand von Wien meilenweit von der Vorstellung entfernt, dass dies seine bis dato erfolgreichste Station als Vereinstrainer werden sollte. Er war gekränkt, weil der Abschied von Rapid von ihm auch als Verstoßung eines Angehörigen der grün-weißen Familie empfunden wurde. Und dass man an seiner Stelle ausgerechnet Gustl Starek in dieselbe aufnahm, trug nicht gerade dazu bei, seine depressive Verstimmung zu bessern. Es rief also Hans-Werner Weiss an und fragte: „Willst du zu uns als Trainer kommen?" Der erste Gedanke Krankls war: „Was heißt zu uns? Wo ist der Weiss?" Der Weiss war in Mödling und dortselbst Präsident oder besser gesagt: Haushaltsvorstand einer kleinen Fußballfamilie, die als Mieter in der „Villa 1. Liga" im günstigsten Fall Hausmeister-Status hatte.

Aber an dieser „lieben Familie", die aus dem Präsidenten, dem rührigen Allround-Funktionär Peter Kutscherer, einer Sekretärin und deren Vater bestand, genas Hans Krankl unverzüglich von seinen Rapid-Leiden. Mehr noch: Hier hatte er sein intimes, familiäres, überschaubares Ambiente, keine Einflüsterer von da, keine Kritiker von dort, hier konnte er zur Hochform auflaufen.

Stefan Marasek, später Meisterkicker mit Rapid und Tirol, war damals erst knapp über 20 und erinnert sich wie heute an den Premierenauftritt des prominenten neuen Trainers: „Wir hatten zwei ganz junge Spieler, die saßen in der Kabine und haben geschwitzt, so viel Respekt und Ehrfurcht hatten die vor Krankl. Ja, und dann ist die Tür aufgeflogen, er kam mit schnellem Schritt herein, ließ die Blicke schweifen, zeigte mit dem Finger auf Zoki Barisic und sagte nur knapp: Du, Blader mit den Satteltaschen an den Hüften, Abwaage!"

Krankl in Mödling war so, wie wenn
Herbert von Karajan den Kirchenchor von Hof
bei Salzburg dirigiert hätte.

Franz Leberbauer, langjähriger Assistenztrainer Krankls

Aus Jungen und anderswo Ausgemusterten formte Krankl eine engagierte, kompakte Truppe, die sich zum Riesentöter der Liga mauserte, Rapid schlug, den damaligen Champions-League-Teilnehmer Salzburg in die Knie zwang und bis kurz vor Saisonschluss sogar um einen UEFA-Cup-Platz spielte: „Hätten wir den geschafft, hätten wir in Mödling nicht einmal spielen können", beschreibt Krankl die infrastrukturellen Voraussetzungen. Doch die waren es ja nicht, die ihn zu großen Leistungen befähigten: „Die haben mir so viel Liebe und Vertrauen gegeben, das war eine Familie, die mir das Gefühl gab, mich immer gern zu haben. Da hat auch nach einem 0:3 keiner an mir gezweifelt. Es war eine meiner schönsten und wichtigsten Trainerstationen."

Sieht man sich diese Station genauer an, zerbröckeln viele Vorurteile, denen sich Krankl als Trainer im Grundsätzlichen immer wieder ausgesetzt sieht. Zum Beispiel über seine Arbeit mit jungen Spielern: „Gerade er ist einer, der die Jungen begeistern kann und sie dort hin bringen will, wo er ihr Potenzial sieht", sagt Stefan Marasek, der auch noch damit aufräumt, Krankl sei sich für die mühsame Alltagsarbeit zu schade und bei den Trainingsinhalten nicht auf dem neuesten Stand: „Sein Training war erstklassig, und er war der erste Trainer, bei dem ich mit 22 Jahren das Verschieben gelernt habe. Unter ihm habe ich auch erstmals deutlich gesehen: Aha, wenn ich gewinne, ist nicht alles gut und wenn ich verliere, nicht alles schlecht. Er konnte einem jungen Spieler unheimlich viel mit auf den Weg geben. Und über seine Besprechungen muss man ohnehin nichts sagen: Die waren so sensationell, wir waren derart aufgeputscht, dass wir beim Hinauslaufen auf den Platz dachten, wir wären zehn Maradonas."

Das Haus Mödling war sicher zu klein für ihn.

Hans-Werner Weiss, damaliger Mödling-Präsident

„Hans Krankl", sagt Hans-Werner Weiss, der ihn in den folgenden Jahren noch zwei Mal als Trainer holte, „ist unheimlich überzeugend, wenn er in sich ruht. Seine große Stärke ist die Zusammenstellung einer Mannschaft." Funktionär Peter Kutscherer wusste, wie man den Trainerfürsten bei Laune halten konnte: „Er muss umhegt werden. Wenn er sieht, es sind Freunde um ihn, dann ist er Weltklasse, da wird er so mitreißend, dass man wirklich überzeugt ist, mit dem kann man keine Partie verlieren.

Aber wie auch nur einer gegen ihn ist, ist das schon nicht mehr so." Man pflegte um die Lichtgestalt im Schatten der Liga auch später bei Admira einen Starkult mit Augenzwinkern. Zeugwart Helmut Weber markierte unter anderem die abgesteckten Claims für seinen Boss mit kleinen Schildchen: Hier parkt der Cheftrainer, hier wohnt der Cheftrainer. So etwas liebt Hans Krankl.

Als die Anfrage aus Tirol, einer gänzlich anderen Fußball-Welt, kam, versuchte Weiss seinen Trainer nicht mehr mit aller Kraft zu halten: „Wir wollten nicht riskieren, den Motor zu überdrehen, sonst wäre er uns am Ende in Mödling explodiert." Gegen die Implosion, die Hans Krankl im vermeintlichen Paradies am Fuße des Patscherkofels bevorstehen sollte, wäre das aber wohl noch das geringere Übel gewesen, denn als der neue Trainer nach Innsbruck übersiedelte, schrieb das Schicksal schon am nächsten Kapitel des Buches „Hans ohne Glück."

Dabei begann alles sehr viel versprechend: Werner „Hugo" Schwarz, früher Edeltechniker bei Innsbruck und Austria Wien, damals bei den Tirolern im Klub auf Management-Ebene tätig, kontaktierte Krankl, um ihm ein ehrgeiziges Projekt schmackhaft zu machen. Der in Tiroler Landen als Anlage-Guru gehandelte Bankangestellte Klaus Mair wollte mit ihm als Trainer ein Dream-Team aus dem Boden stampfen. Krankl hörte sich das an und fuhr nach Jesolo, um der Dinge urlaubend zu harren. Eines Tages parkte an der Piazza Milano ein 500er-Mercedes mit Innsbrucker Kennzeichen ein, dem Mair und Schwarz entstiegen. In der Pizzeria „Bi-Bo" in Jesolo fand dann eines der kurioseren Gespräche in der Geschichte des Profifußballs statt.

Mair eröffnete knapp: „Wenn ich Sie bekomme, machen wir eine große Mannschaft. Was kostet es, Sie zu bekommen?"

Hans Krankl erinnert sich heute noch im Detail an den weiteren Verlauf dieser Konversation: „Ich habe eine Summe genannt, mit der er nicht einverstanden sein konnte. Er war einverstanden. Dann sagte ich: »Ich will den Peter Stöger, den Andi Koch, den Roman Mählich und den Andi Poiger.« Mair befahl dem Schwarz: »Werner, schreib auf«. Und dann fragte er mich: »Wollen Sie den Sammy Sané, den Torschützenkönig von Wattenscheid? Und den Harald Cerny könnten wir auch noch haben.« Ich sagte: »Ja natürlich«, und er wieder: »Werner, schreib auf: Sané, Cerny.« Binnen zwei Wochen hatte der dann auch wirklich alle Spieler beisammen."

Hätte sich Hans Krankl damals an der Adria gedacht, das ist doch zu schön, um wahr zu sein, so hätte er Recht gehabt. Aber das war zu diesem Zeitpunkt noch nicht absehbar, denn vorerst gab es ja alles wirklich. So war auch Krankl Feuer und Flamme für das ehrgeizige Projekt und ließ schon bei seiner Präsentation verbal in gewohnter Manier keine Wünsche mehr übrig: „Innsbruck wird einen Fußball sehen, dass die Nordkette wackelt."

Das ist super angekommen, und die Nordkette
hat auch gewackelt. Aber im Endeffekt
so sehr, dass sie ihm auf den Kopf fiel.

Georg Fraisl, Sportchef der Tiroler Krone

Hans Krankl war in seinem Element: Ein vermeintlich perfektes Umfeld, eine Top-Mannschaft, und als dann auch noch im Tivoli-Stadion mit einem Willkommens-Transparent „bienvenido el goleador" die Anhänger seine Seele streichelten, war er nicht mehr zu stoppen. Nikolaus Neururer, damals Leiter der Krone-Sportredaktion in Tirol und selbst in Kundl auch als Trainer tätig, ist heute noch angetan vom fulminanten Start des Trainers:

Ein Mann, ein Ziel: Hans Krankl ist auch als Trainer eine charismatische Erscheinung

1989 übernahm Krankl als 36-Jähriger den Cheftrainer-Posten bei „seiner" Rapid. Es waren durchwachsene Jahre, in denen es für den Trainer-Neuling (Bild oben mit dem kleinen Bruder des Diego, Hugo Maradona), viel zu lernen und viele unglückliche Momente zu durchleiden gab.

Sternstunden wie hier beim 1:0-Europacupsieg gegen Aberdeen wechselten einander in Krankls Rapid-Trainerjahren im Europacup mit besonders bitteren Momenten ab.

Im Westen brachte der Wiener Krankl viel Neues: In Innsbruck (Bild oben) ließ er 1994 die Nordkette wackeln, ehe der Klub zusammenbrach. In Salzburg (rechts) brachte er die Begeisterung zurück.

Als Mödling-Trainer fühlte sich Krankl in familiärem Umfeld uneingeschränkt wohl.

Roland Kirchler war in Krankls Tirol-Zeit ein
paar Tage Mitglied des legendären „Leichenzugs"
der vom Trainer suspendierten Kicker.
In Krankls Teamtrainer-Zeit kam es jedoch zur
Aussöhnung zwischen Routinier. und Nationaltrainer.

Zwei Jahre brauchten Hans Krankl und Dietmar Kühbauer, um ein Problem zu lösen,
das keines war. Heute gehen die beiden Sturköpfe füreinander durchs Feuer.

Zwei charismatische Menschen, die einander in großem Respekt zugetan sind:

Hans Krankl und einer seiner Trainer-Lehrmeister, der unverwechselbare Otto Baric.

GENLAND
ÖFB

Im Jahr 2002 übernahm Hans Krankl den Job des österreichischen Nationaltrainers. Für einen großen Patrioten wie ihn war das auch die Erfüllung eines Traumes.

Bei Hans Krankl wird im Team gemeinsam gejubelt und gemeinsam getrauert.

Der „innere Kreis" ist auch in der Nationalmannschaft für Krankl das wesentliche Element für gute Arbeit. Von seinen Mitarbeitern verlangt der Super-Patriot hundertprozentige Loyalität.

Ein Bild von einem Mann auch auf der Trainerbank. Für Krankl ist ein Spieltag ein Festtag, und das will er auch mit Auftreten und Kleidung demonstrieren.

Die vielen Gesichter des Teamchefs: Nachdenklich, in sich versunken, als Medienprofi stets für einen Sager gut und aufgelöst im Kaleidoskop seiner Emotionen.

Nicht Pose, sondern große Geste: Die rechte Hand am linken Fleck wurde unter Teamchef Hans Krankl das Erkennungszeichen für großen Stolz auf das kleine Österreich.

„Dass seine Ansagen beeindruckend waren, kam für mich nicht überraschend. Aber ich war dann auch von der Arbeit und den Resultaten äußerst angetan. Er hat in kürzester Zeit als Tiroler Held Andreas-Hofer-Status erlangt, aber nicht mit seinen Sprüchen, sondern mit seiner Arbeit. Ich war bei den Trainings des Ernst Happel und bei denen von Hans Krankl, und ich konnte damals ruhigen Gewissens sagen: Unter den Nachfolgern Happels war Krankl der Beste." Bis zu 2.000 Menschen kamen schon zum Training, die Mannschaft spielte in der Liga großartig und sie besiegte daheim den spanischen Tabellenführer La Coruna in einem mitreißenden Europacupspiel mit 2:0. Am Innsbrucker Tivoli brannten noch eineinhalb Stunden nach dem Spiel die Wunderkerzen und Tausende sangen: „Sierra madre."

Doch so heftig es gelodert hatte, so schnell erlosch in Tirol das Feuer der Begeisterung. Zuerst wurde der vermeintliche Finanz-Guru Mair verhaftet, wanderte in Untersuchungshaft und wurde später verurteilt. Dann kam das Rückspiel gegen La Coruna: „Ich hatte schon geahnt, was uns erwartet, aber dann war nach einer Minute mein Hemd samt Krawatte klitschnass. Wir haben in den ersten Spielsekunden nur noch auf der Linie abgewehrt. Als ich dann nach einer halben Stunde dachte, heute beschützt uns aber der liebe Gott, machte uns Bebeto das 0:1, und zur Pause waren wir schon 0:3 hinten", denkt Krankl heute noch mit Schaudern an jene spanische Fußballnacht.

Hans Krankl kann nicht nur wie kein zweiter sein Feuer übertragen, er tut das auch mit seiner Depression.

Hubert Winklbauer, „Tiroler Tageszeitung"

Das 0:4 am Ende war mehr als nur eine hohe Niederlage, es bewirkte nach dem bevorstehenden Zusammenbruch des potemkinschen Dorfes, das Mair errichtet hatte, auch den ersten großen Riss in der Mannschaft. Noch in der Kabine kam es zu heftigen Auseinandersetzungen zwischen Peter Stöger und Michael Streiter, Krankl war stocksauer auf Harald Cerny, weil der schon während des Spiels, als Tirol noch eine theoretische Chance gehabt hatte, mit dem brasilianischen Weltmeister Bebeto wegen des Dressentauschs verhandelte. Und dann kam noch dazu, dass es mit einer hervorragenden Ausgangsposition aus dem Heimspiel wieder einmal international nicht gereicht hatte – und das für den „Spanier" Krankl ausgerechnet in Spanien. Franz Leberbauer, sein treuer Begleiter auf vielen Trainerstationen, erfasste auch erst später die ganze Tragweite dieser Niederlage: „La Coruna auszuschalten hätte mehr gezählt als der österreichische Meistertitel. Drum hat ihn das so getroffen, das war sein größter psychischer Bruch. Ich habe nicht erkannt, dass für ihn das Tor nach Spanien weit aufgegangen wäre."

> *Wenn es den Mair drei Jahre gegeben hätte,*
> *hätte Krankl drei Meistertitel und*
> *jeder von uns ein Privatflugzeug.*
>
> *Franz Leberbauer*

So kam es zum Rosenkrieg, zunächst innerhalb der Mannschaft, wo auch durch die Veröffentlichung von Gehältern der Konflikt Wiener gegen Tiroler aufbrach, in den sich dann auch Krankl einbrachte, indem er für den am meisten attackierten Peter Stöger Partei ergriff. Und das schon in einer Befindlichkeit, die vom Mann, der die Nordkette wackeln ließ, weit weg war. Nick Neururer erinnert sich: „Ich kannte bis dahin nur den euphorischen und Euphorie weckenden Hans, und plötzlich sah man ihn machtlos, ausgeliefert und hilflos wirkend. Als einen, der menschlich seine Grenzen erreicht hatte und nicht mehr wusste, was er machen sollte. Das war einerseits sehr sympathisch, aber auch besonders bitter. Denn in solchen Situationen ist Krankl nicht mehr hundertprozentig handlungsfähig und nicht in der Lage, die Dinge optimal, schnell und entschlossen genug in den Griff zu kriegen. Da hat er Probleme. Sympathische Probleme, aber Probleme."

Auch Krankl selbst bestreitet nicht, dass ihm diese Situation über den Kopf wuchs. Vor allem, als man mit einer 0:2-Niederlage bei der Admira ins Frühjahr startete: „Da war ein Bruch drinnen, das war unglaublich. Ich hatte nicht die Kraft und das Können, alles, was da aufgebrochen war, wieder zu kitten." Als er dann im Frühjahr mit der eisernen Faust in die Truppe fuhr, sieben Spieler suspendierte und drei später wieder begnadigte, war längst alles vorbei. Zwar verlor er mit den jungen Spielern und trotz eines mörderischen Trainingsprogramms in den letzten Spielen keine Partie mehr, aber der Name, den sich die sieben Verstoßenen gegeben hatten, war symptomatisch für das Ende der Tiroler Euphorie: Sie nannten sich „Leichenzug."

Tiroler-Krone-Sportchef Fraisl ist sicher: „Wenn die Mair-Sache nicht passiert wäre, hätte Hans seinen heiß ersehnten Titel wohl längst in der Tasche, denn er hatte eine geniale Mannschaft zusammen gesetzt. So hatte er auf einmal zwar immer noch die beste Mannschaft, aber die schlechtesten Voraussetzungen." Auch Trainerkollege Josef Hickersberger stimmt dem zu: „Da war Hans zur falschen Zeit beim richtigen Verein. Mit diesem Background kannst du als Trainer nicht verantwortlich gemacht werden."

Das Glück als Trainer war mir noch nicht so hold wie ich es mir verdient hätte. Du brauchst als Trainer das Glück, zur richtigen Zeit am richtigen Ort mit den richtigen Leuten zu sein.

Hans Krankl

Nach Zwischenstationen abermals in Mödling und in Gerasdorf heuerte Hans Krankl 1998 als Nachfolger seines früheren Rapid-Kollegen Heribert Weber bei Austria Salzburg an. Die goldenen Jahre waren dort vorbei, auch wenn Weber überraschend 1997 noch den Meistertitel holte. Die Champions-League-Qualifikation wurde aber gegen Sparta Prag deutlich verpasst, Klubchef Rudi Quehenberger hatte dafür noch einmal mächtig investiert und stöhnte nun unter den hohen Kosten, die der für die heimische Bühne viel zu teure Kader verursachte.

Aber Krankl konnte auch hier etwas bewegen, wenn auch nur im Rahmen des Möglichen, und das allerschönste Kompliment war, als Quehenberger nicht aus Kalkül, sondern von Herzen sagte: „Mit Hans Krankl ist für mich die Freude am Fußball wieder zurück gekommen. Es macht mir wieder Spaß." Mit dem neuen Trainer landete die Mannschaft auf dem vierten Platz, Torjäger Edi Glieder blühte unter dem ehemaligen Goleador auf und wurde österreichischer Torschützenkönig. Krankl führte die Salzburger bis ins Finale des UI-Cups, das gegen Valencia verloren ging und holte seinen einzigen Titel als Trainer, indem er erster österreichischer Hallenmeister wurde. Aber der zählt für Feldfußball nicht.

Gearbeitet hat er also auch in Salzburg gut, wie auch Ex-Kapitän Heiko Laessig bestätigt: „Er war ein akribischer Arbeiter, der viel vorbereitet und viel ausprobiert hat. Und legendär waren seine Spielerbesprechungen. Da hat er alles gegeben, sich derart hinein gesteigert, dass er ganz nass geschwitzt war. So etwas habe ich vorher und nachher bei keinem Trainer gesehen." Doch dann kam Weihnachten 1999 und statt ihm ein Geschenk zu überreichen, teilte ihm Klubchef Rudi Quehenberger mit, dass er ihm aus budgetären Gründen etwas wegnehmen müsste: Seinen geliebten Torjäger Edi Glieder, der an Tirol verkauft werden musste, damit der Klub finanziell überleben konnte: „Ich war wie vom Blitz getroffen. Von allen hätte ich mich getrennt, nur nicht vom Edi", erzählt Krankl von jener Besprechung in Quehenbergers Haus in Oberalm bei Salzburg: „Ich war am Boden zerstört, und dann kam am Silvestertag am Vormittag dieser Anruf von Fortuna Köln. Ich habe mit Rudi Quehenberger gesprochen, und der sagte mir: Ja, geh dort hin. Wegen des Geldes bin ich sicher nicht gegangen, weil ich da nur 1.500 Euro mehr verdient habe als in Salzburg. Aber Rudi Quehenberger hat mir meinen Torjäger verkauft und mir mitgeteilt, dass kein Geld mehr da ist, also dachte ich, vielleicht ergibt sich in der deutschen Bundesliga etwas, wenn ich Köln vor dem Abstieg rette."

> *Er ist ein grader Michel und lügt dich nicht an. Wenn er meint, du bist schlecht, sagt er es dir ins Gesicht. Das ist in der heutigen Fußballwelt ganz selten. Egal, ob es bitter oder gut ist für einen Spieler – wichtig ist, dass dir einer die Wahrheit sagt.*
>
> *Austria Salzburgs ehemaliger Kapitän Heiko Laessig über Hans Krankl*

Dass nur wenige Tage nach seiner Übersiedlung nach Köln in Salzburg der Kärntner Egon Putzi von Quehenberger die Geschäfte übernahm und plötzlich wieder viel Geld da war, fällt neuerlich in die Kategorie des schlechten Timings, das der Sportchef der „Presse", Josef Metzger, so formuliert: „Als Vereinstrainer war er nicht der Hans im, sondern der Hans ohne Glück. Er, der als Spieler immer am richtigen Platz war, um ein Tor zu schießen, war als Trainer immer zur richtigen Zeit am falschen Platz oder zur falschen Zeit am richtigen Platz."

Krankls Salzburger Klubchef Rudi Quehenberger galt stets, und das nicht zu Unrecht, als wilder Hund. Seine überraschenden Hüftschüsse bei diversen Entscheidungen, seine impulsive Art, seine Tobsuchtsanfälle und auf der anderen Seite wieder sein großes, gütiges Herz machten ihn zu einer der schillerndsten Figuren im österreichischen Fußball. Aber gegen den Mann, der Krankl in Köln erwartete, schien Quehenberger eine Mickymaus-Ausgabe in Bezug auf Unberechenbarkeit zu sein. Jean Löhring, der als Chef des Südstadt-Klubs Fortuna mit Inbrunst den aussichtslosen Kampf gegen den großen 1. FC Köln führte, hatte stets auch ein Faible für schillernde Trainerfiguren gehabt: Mit Rinus Michels erlebte er 1983 seinen sportlichen Höhepunkt, das deutsche Cupfinale gegen den Stadtrivalen 1. FC Köln, das durch ein Tor von Pierre Littbarski 0:1 verloren ging. Danach gelang es ihm, den „blonden Engel" Bernd Schuster ebenso auf die Fortuna-Trainerbank zu locken wie Harald „Toni" Schumacher, den Vorgänger Krankls. Mit dem schrieb Löhring, der alte Fußball-Patriarch, aber dann Fußballgeschichte, indem er ihn am 15. Dezember 1999 in der Halbzeitpause der Partie gegen Waldhof Mannheim hinauswarf.

Krankl kam jedoch mit dem schrulligen Klubchef bestens aus, unter anderem, weil sie die große Liebe zu Kindern verband. Sportlich schenkte ihm der Wiener zwar einen 4:1-Derbysieg gegen den FC, den Abstieg konnte jedoch auch Krankl nicht verhindern, der auch bei Fortuna nicht die nötige Fortune hatte. Drei Runden vor Schluss war klar, dass der Klassenerhalt nicht mehr zu schaffen war und Krankl übergab an seinen Assistenten Slavko Kovacic, um ihm die Chance zu eröffnen, in Deutschland bleiben zu können. Auch das wird ihm bis heute von diversen Seiten anders ausgelegt. Was ihm in Deutschland nicht gelungen war, holte er bei seiner vorerst letzten Klubtrainer-Station in Österreich nach und bewahrte die Admira vor dem Abstieg.

Vor dem Jean Löhring haben mich alle gewarnt.
Aber einer, der zu Kindern so lieb war wie er,
konnte kein böser Mensch sein.
Großes Kompliment zu ihm hinauf
in die Rock'n'Roll-Galaxis.

Hans Krankl über seinen 2005 verstorbenen Klubchef bei Fortuna Köln

Die Bilanz seiner Tätigkeit als Vereinstrainer ist vorerst unbefriedigend. Es stimmt schon, dass Krankl aufgrund seiner Vorgeschichte als Spieler, aufgrund seiner starken Persönlichkeit anderen Gesetzmäßigkeiten unterworfen ist und in der Niederlage oder einer Schwächeperiode ungleich mehr Häme provoziert als viele seiner Kollegen. Es stimmt auch, dass man von ihm, wo immer er auch hinkommt, Messianisches erwartet: Krankl, leg die Hand auf, damit die Lahmen wieder gehen können. Es stimmt aber auch, dass Hans Krankl aufgrund seiner Vorgeschichte als Spieler und seiner starken Persönlichkeit immer einen Sonderstatus eingefordert hat. Und es stimmt auch, dass er messianisch auftritt und sich im Vorfeld nie gegen übertriebene Anforderungen zur Wehr setzt. Wieso soll auch einer, der die mächtige Nordkette wackeln lassen kann, nicht auch Lahme zum Laufen bringen?

Hans Krankls größte Stärke fällt ihm auf den Kopf, wenn er sie nicht mit Zähl- und Messbarem untermauern kann. Er ist ein Mann, der mit der Zunge träumt, der seine Visionen wie eine wunderbare Rocknummer in die Welt hinaus singt. Er ist einer, der sich vor nichts und niemandem fürchtet und deshalb Stärke weitergeben kann. Er hat eine Ausstrahlung, die jeden in ihren Bann zieht, ob man nun von ihr angezogen oder abgestoßen wird. Aber er hat als Trainer keine Titel gewonnen und ist deshalb angreifbar.

Es gibt viele Trainer, die noch keinen Titel haben
und trotzdem sehr gute Arbeit machen.
Für die Karriere ist es oft schlechter,
wenn man gern arbeitet und Sachen annimmt,
von denen man eigentlich die Finger lassen sollte.
Aber der Hans ist wie ich, er ist einer,
der lieber arbeitet als nicht arbeitet.

Kurt Jara, aktueller Trainer von Red Bull Salzburg

Und einem, der als Klassespieler stets nur die Spitze als Erfolg gelten ließ, nimmt man nicht ab, wenn er als Trainer plötzlich ein kleines Brötchen als großen Laib verkaufen will. Mödling ist okay, aber nicht Kragenweite Krankl. Er hatte relative Erfolge, von ihm werden aber absolute erwartet. Das ist nichts Ungerechtes, das entspricht seiner Performance im Fußball-Business. Krankl zu holen, heißt etwas Außergewöhnliches bieten zu wollen. Diesen Anspruch kann und will er selbst nicht aufgeben. Vielleicht muss er nur, wenn er in das Vereinstrainergeschäft zurück kehrt, besser prüfen, ob das auch zu verwirklichen ist. Er hatte – außer in Tirol, wo der Verein über ihm zusammen brach – nirgends eine Spitzenmannschaft zur Verfügung, und sein Kollege Herbert Prohaska sagt völlig richtig: „Wenn du gegen eine Mannschaft spielst, die eine Klasse besser ist, nützt dir die gute Arbeit nichts."

Hans Krankl erfüllt so viele Kriterien, die ihn dafür prädestinieren, ein außergewöhnlicher Trainer zu sein: Er hat sich im Vergleich zu seinen Anfangszeiten bei Rapid inzwischen zu einem Meister der Menschenführung entwickelt. Er kennt den Fußball auf höchstem Niveau auswendig und bildet sich ständig weiter. Er hat ein Auftreten, das jedem europäischen Großklub zur Ehre gereichen würde und eine Ausstrahlung, die man nicht lernen kann. Er hat sich vom beleidigten Zornbinkel zum Vermittler positiver Energie und positiver Gedanken entwickelt. Und er kann jungen Spielern nach wie vor am eigenen Beispiel zeigen, was man auch als Österreicher im Fußball erreichen kann.

Das sind zwar alles keine Titel. Aber stolz kann man auf so etwas schon auch sein.

12

DIE KLEINE ELITE

Manche nennen ihn das Monte Carlo von Seekirchen, den Ortsteil Bayerham, von dem aus man den Wallersee in seiner ganzen Pracht zu Füßen liegen hat. In einem der Häuser, die dort auf der Anhöhe stehen, wohnt Salzburgs Klubsekretär Rudolf Peter Mirtl, und immer, wenn Länderspieltermin ist, herrscht in diesem Hause emsige Betriebsamkeit vor den Kleiderschränken. Die Söhne Daniel und Philipp wühlen im Fundus der Teamtrikots, die der Herr Papa im Laufe seiner Berufsjahre von den diversen Nationalspielern geschenkt bekommen hat, und wenn dann die österreichische Hymne erklingt, sind sie entsprechend adjustiert.

Das war vor der Teamchef-Ära Hans Krankl nicht so, und

das wird auch danach nicht mehr so sein – bei allem gebotenen Patriotismus, aber im Teamdress setzt man sich im Hause Mirtl nur für den vor den Fernsehapparat, der Fußball-Österreich repräsentiert wie kein zweiter.

Dabei war seine Kür, ehe er 2002 als Nachfolger von Otto Baric für das höchste Traineramt im Lande feststand, nicht unumstritten gewesen. Der damalige ÖFB-Präsident Beppo Mauhart war kein Krankl-Befürworter, und warum das so war, wird später noch erläutert. Jedenfalls endete die Abstimmung, an der auch die neun Landesverbands-Präsidenten teilnahmen, mit 7:4 für Krankl, was jedoch wie ein Staatsgeheimnis gehütet wurde. Denn auch die Gegner des einstigen Goleadors mussten sich verpflichten, ihn als Teamchef nach außen hin mitzutragen, um nationale Geschlossenheit zu demonstrieren. Die Bundesliga, ebenfalls gespalten, wurde von ihrem Chef Frank Stronach auf Krankl-Kurs eingeschworen. So setzte sich der, nachdem Didi Constantini schon im Vorfeld aus dem Kandidatenkreis gefallen war, gegen den Engländer Roy Hodgson durch, der zuvor unter anderem Malmö FF, das Schweizer Nationalteam und Inter Mailand betreut hatte, und wurde neuer Nationaltrainer von Österreich.

Oder besser gesagt, das Familienoberhaupt des heimischen Fußballs: „Für ihn ist grundsätzlich ganz Österreich eine Familie mit ihm als Übervater. So ist er auch beim Team. Und es ist ja nichts schöner für einen Trainer, als so kleine ‚Wuzerlfußballer' zu haben, Kinder, denen er etwas lernt und die er groß herausbringen kann. Den Ehrgeiz und den Traum hat er mit Sicherheit", glaubt Hannes Winklbauer, der als Journalist bei allen Länderspielen der Ära Krankl war. Gut getroffen, denn der Teamchef bestätigt auch selbst, dass er sich als eine Art „Papa Nationale" sieht: „Eine Nationalmannschaft ist wie eine große

Familie. Wenn sie funktioniert, wenn das Verhältnis in Ordnung ist, wenn es keine Gruppenbildungen gibt, dann funktioniert auch das Team. Die Spieler sind meine Kinder, der Kühbauer ist mein Kind, der Payer, der Katzer, der Ivanschitz, wie sie alle heißen, sind meine Kinder, solange sie in meiner Mannschaft sind."

Und einige „Kinder" waren es im Vergleich auch wirklich, denen Krankl ab seinem ersten Länderspiel am 27. März 2002 in Graz gegen die Slowakei erste Gehversuche im Nationalteam gestattete. Denn sein Vorgänger Otto Baric konnte ihm keine Mannschaft hinterlassen. Für dessen drittletztes Länderspiel, das WM-Qualifikationsmatch in Israel, hatte ein Großteil der Teamspieler aus Furcht vor Terroranschlägen abgesagt und es gab nur noch ein Not-Nationalteam, in dem sogar der 40-jährige Zeljko Vukovic zu späten Länderspiel-Ehren kam. Krankls Arbeitsauftrag lautete daher: Neuaufbau einer jungen Nationalmannschaft auch in Hinblick auf die Heim-EM 2008, und in den folgenden vier Jahren sollten 63 Spieler, darunter 37 Debütanten, das Teamtrikot überstreifen.

Ich bin am Ende der Experimentierphase
kritisiert worden, weil ich eine Experimentierphase
gemacht habe. Aber es stand mir zu, jeden
zu probieren, der gerade schießen kann.

Hans Krankl

In seinem Kamm blieb wirklich jeder hängen, und es waren auch Kuriositäten dabei wie Rolf Landerl, ein Weltenbummler des Fußballs, etwa 99,98 Prozent der österreichischen Bevölkerung bis dahin gänzlich unbekannt, der über die Slowakei nach Holland zu Alkmaar und Sittard gekommen war und später bei Penafiel in Portugal landete. Ihn berief Krankl für das Testspiel gegen Deutschland am 18. Mai 2002 in Leverkusen ein. Österreichs Fußball-Öffentlichkeit musste sich seinen Namen aufgrund der Darbietung bei der 2:6-Niederlage nicht merken, für einen Deutschen spielte Landerl jedoch Schicksal: Nach einem Zusammenprall mit dem Österreicher verletzte sich Sebastian Deisler so schwer am Knie, dass für ihn die WM in Japan und Südkorea passé war.

Krankl probierte, und er hielt an manchen unerschütterlich fest, trotz aller Kritik. Zum Beispiel an Emanuel Pogatetz, dem hünenhaften Verteidiger, der inzwischen eine Stütze der Nationalmannschaft ist und aus mehreren attraktiven Auslandsangeboten im Sommer 2005 Middlesbrough wählen konnte. Andere wie Rene Aufhauser entwickelten sich unter Krankl von grundsoliden Ligaspielern zu Fixsternen am Teamhimmel. Es blieb also nicht nur beim Suchen, sondern der Teamchef wurde auch fündig. Allerdings musste er auch die Vorstellung aufgeben, ein vorwiegend junges Hoffnungsteam (er)finden zu können und auf bewährte, ältere Spieler zurückgreifen, was nicht in jedem Einzelfall einfach war. Vor allem nicht bei Dietmar Kühbauer, dem ehemaligen Spanien-Legionär bei Real Sociedad und nunmehrigen Mattersburg-Kapitän. Denn da schienen sich die beiden Sturschädeln den Weg zueinander nachhaltig verbaut zu haben.

> *Ich habe für Kühbauer zwei Jahre gebraucht,*
> *um ein Problem zu lösen, das keines war.*
>
> *Hans Krankl*

Beim Heurigen „Wambacher" in Wien-Hietzing fanden die zwei Bulldozer-Diplomaten auf Vermittlung des damaligen Mattersburg-Trainers Werner Gregoritsch dann doch an einen Tisch, und nachdem sie im harten, aber konstruktiven Gespräch sämtliche Barrieren weg geschoben hatten, stand einer wunderbaren Männer-Seelenfreundschaft nichts mehr im Weg: „Aus heutiger Sicht", sinniert Hans Krankl, „hätte ich gern länger mit ihm zusammen gearbeitet. Der taugt mir so, ich steh auf den, der hat vor keinem Angst, ist ein Kicker, der legt sich mit dem Beckham an – das ist genau meines. Ich hätte ihn früher ins Team holen sollen, aber ich möchte auch den Reifeprozess nicht missen, den ich für diese Erkenntnis gebraucht habe."

Auch Kühbauer tut es heute leid um zwei verlorene Jahre: „Wir zwei sind zu spät zusammen gekommen. Wir hätten einander helfen können, und es war blöd von uns, dass wir uns so spät zusammengerauft haben. Wir haben fast schon ein zu schönes Verhältnis. Wenn er eine Mannschaft trainiert, steht er zu der wie ein Baum. Als ich noch nicht dabei war im Team, dachte ich manchmal, ja ist der nicht ganz dicht? Aber von innen sieht das anders aus. Er hat sich noch nie an der Truppe abgeputzt, und wenn es nass herein geht, was in Österreich sehr schnell einmal der Fall ist, ist er extrem für die Mannschaft da und schirmt alles ab."

Mir sind solche wie er, die sich nicht verbiegen lassen, beim Hintern lieber als die ganzen Wellenschwimmer beim Gesicht.

Didi Kühbauer über Hans Krankl

Gerade im Fußball ist der Stolz bei den wenigen verbliebenen echten Typen eine mächtige Kategorie. Da genügt oft ein Nebensatz in einem Interview, und zwei Herren reden monate-, jahrelang oder überhaupt nicht mehr miteinander. Auch Krankl und Kühbauer hatten einander ihre Ansichten nur noch über die Medien ausrichten lassen, gingen aber rechtzeitig vor Beginn der WM-Qualifikation aufeinander zu und entdeckten im jeweils anderen vieles, das auch zu den eigenen Qualitäten zählt.

Schon vorher hatte Krankl mit einem anderen Frieden geschlossen, der – wenn auch nur für drei Tage – in seiner Zeit als Tirol-Trainer dem Innsbrucker „Leichenzug" angehört hatte: Roland Kirchler, den er im April 2003 ins Nationalteam zurückholte, wo sich dieser beim 2:0-Auswärtssieg in Schottland gleich mit einem Tor bedankte. Kirchler erinnert sich an die Aussprache: „Ich habe ihm gesagt, schau, Trainer, das Team ist kein Verein. Ich brauche dich nicht unbedingt und du mich nicht. Aber ich spiele gern für Österreich, und wenn du mich willst und ins Team holst, dann gebe ich für dich 100 Prozent." Wenn sich solche Worte nicht als leere Hülsen erweisen, sondern von den Spielern inhaltlich erfüllt werden, haben sie Hans Krankl auf ihrer Seite, und zwar auch bei allerstärkstem Gegenwind.

> *Ich war auch vor Krankl schon in der*
> *Nationalmannschaft, aber im Unterschied dazu*
> *macht es jetzt wirklich eine Freude,*
> *beim Team zu sein. Egal wer woher kommt,*
> *es verstehen sich alle.*
>
> *Nationalspieler Roland Kirchler*

Kirchler imponiert an seinem Boss vor allem eines: „Es war vor den Spielen gegen Wales, als es nur noch Diskussionen über den Teamchef gab, und ich sagte zu ihm: »Trainer, wenn wir verlieren, werde ich nach Wales wohl weg sein und du wahrscheinlich auch.« Da hat er nur gesagt: »Roli, ich weiß das, aber wir verlieren nicht, sondern wir gewinnen!« Und jetzt sind wir beide noch da, und das fasziniert mich an ihm. Er hat ein Ziel, legt sich die Latte hoch – jetzt ist er drüber gesprungen und hat den Ball wieder zu den anderen gespielt, zu ÖFB-Präsident Stickler und zu den Medien. Und seine Gegner, die auf Wales gehofft hatten, müssen halt jetzt darauf warten, dass er die Qualifikation nicht schafft oder auf das nächste, das sie ihm ankreiden wollen."

Dass sich Krankl in der Umbauphase mit der Nationalmannschaft in der EM-Qualifikation gegen die Niederlande und Tschechien nicht durchsetzte, wurde ihm nicht vorgeworfen. Dafür hätte man auch nicht nur ein Wunder gebraucht, sondern gleich zwei. Im Zuge der WM-Qualifikation für Deutschland 2006, die während der Produktion dieses Buches noch im Gange war, verstärkte sich aber der Druck. Krankls Auftrag hatte gelautet, ein neues Nationalteam aufzubauen, und manchmal ist es hochinteressant, in der Geschichte ein wenig zurück zu blättern:

„Gäbe es einen Zauberer, der eine WM-Qualifikation Österreichs garantiert, wäre er schon längst Teamchef. Dem Wunsch eines Aufbaus auf lange Sicht steht immer noch der stärkere Wunsch des Augenblickserfolgs gegenüber." Das schrieb keiner der heutigen Kommentatoren über die Situation von Hans Krankl als Teamtrainer anno 2005, sondern Karl Heinz Schwind in der Kronenzeitung vom 5. Dezember 1984. In mehr als 20 Jahren haben sich entscheidende Rahmenbedingungen für die Arbeit eines Nationaltrainers in Österreich also nicht verändert.

Ich glaube, er hat bis jetzt das Maximale gemacht, aber jetzt muss er das krönen, und das ist nicht leicht. Wenn es nicht gelingt, ist er nicht schuld, weil es andere auch nicht gemacht hätten.

Otto Baric, Krankls Vorgänger als Teamchef

Es gibt sportlich an der Teamchef-Tätigkeit Krankls nichts

auszusetzen, denn die Länderspiele, die verloren wurden, wurden das nicht, weil er nicht gewissenhaft gearbeitet hätte: „Wir sind immer optimal vorbereitet", bestätigt auch Roland Kirchler, der über den Verdacht erhaben ist, dem Trainer als aktueller Nationalspieler Honig ums Maul zu schmieren. Denn der Tiroler ist einer, der sich lieber den Mund verbrennt, ehe er hinunterschluckt, was gesagt werden muss. Und damit ist er Krankl ja nicht unähnlich. Aber wenn sich in einem Wettbewerb wie aktuell dem um Startplätze bei einer Weltmeisterschaft abzeichnet, dass die Überraschung ausbleibt und die Normalität der Kräfteverhältnisse ihren Niederschlag auch in Matchresultaten und Tabellen findet, wird unverzüglich vieles in Frage gestellt. Auch und vor allem die Arbeit des Verantwortlichen, also des Teamchefs.

> *Wenn eine Qualifikation in die Endphase geht und*
> *man ist nicht ganz vorne, kommen alle aus*
> *den Löchern und diskutieren.*
> *Für mich hat Krankl jetzt eine Super-Basis geschaffen,*
> *und die Mannschaft ist sehr gut. Es fehlt*
> *ihr nur ein Stürmer wie der Hans.*
>
> *Kurt Jara, Trainer von Red Bull Salzburg*

Und auch wenn das eine mit dem anderen nichts zu tun hat, besinnen sich plötzlich manche, dass Krankl auch als Vereinstrainer noch keinen Titel erobert hat und alte Ressentiments gedeihen auf neuem Boden. Als Spieler Weltklasse, aber als Trainer – na ja. Auf die nackten Fakten und Zahlen reduziert, stimmt das ja auch, aber Anlass und Zeitpunkt für derartige Diagnosen sind unpassend und ungustiös. Denn Krankl hat als Teamchef etwas bewegt, obwohl er nicht Spieler von der Klasse zur Verfügung hat, die ihn und seine früheren Mitspieler ausgezeichnet hatte.

Und der zweimalige Kurzzeit-Teamchef Didi Constantini stellt eines klar: „Der große Trugschluss ist, dass man glaubt, die Trainer machen die Spieler, dabei ist es genau umgekehrt. Die Spieler machen die Trainer, und Arsenals Arsene Wenger hat einmal gesagt: Der beste Trainer ist der, der die besten Spieler hat."

Aber das ist ja in Wahrheit nicht der entscheidende Punkt bei der Beurteilung Krankls. Bei ihm reibt man sich an etwas anderem: Wenn einer so wie er als Persönlichkeit immer und allerorts als wandelnder Superlativ auftritt, macht er sich in seiner Funktion als Trainer das Leben selbst nicht unbedingt leichter. Denn dann begnügen sich Arbeitgeber und Öffentlichkeit nicht mit dem Komparativ und mit kleinen Aufwärtsentwicklungen, auch wenn objektiv nicht mehr möglich ist.

> *Er muss irgendwann beweisen, dass er im entscheidenden Moment den Big Point machen kann. Eine Mannschaft, die immer gut spielt und kein Tor schießt, ist im Endeffekt nicht gut. Ein Trainer, der nie finalisiert, auch nicht.*
>
> *Hannes Winklbauer, Journalist und ehemaliger Nationalspieler*

Selbstverständlich weiß aber gerade Fußball-Fachjournalist Winklbauer ganz genau, dass Erfolg in Österreich aktuell nichts anderes sein kann als kleine Trippelschrittchen nach vorne. Doch für ihn ist das auch eine Frage der Erwartungshaltung: „Das Komische ist ja, dass wir in Österreich immer einen Anspruch stellen, der so hoch ist, dass ihn keiner erfüllen kann. Und dann haben wir die größte Freude, wenn wir das Ziel nicht erreichen."

Hans Krankl hat diese Erwartungen mit Worten wohl stets gedämpft, aber als Erscheinung provoziert er sie nachgerade.

Mit seiner Ausstrahlung, mit seiner Spielervergangenheit und mit seinem patriotischen Pathos suggeriert er, dass mehr möglich wäre als möglich ist. Überspitzt formuliert könnte man sagen: Den größten Druck auf Hans Krankl übt Hans Krankl aus. Er ist in seinem Selbstverständnis einer der letzten großen Patrioten dieses Landes. Sein reichlich dimensioniertes Selbstbewusstsein entstand unter anderem dadurch, sich als kleiner Österreicher in der großen Fußballwelt behauptet zu haben. Seinen Fachverstand können nicht einmal seine größten Feinde ernsthaft anzweifeln. Er spricht auf der einen Seite die Sprache der Fußballer, kann sich aber ebenso glaubhaft und souverän weltmännisch und staatstragend präsentieren. Und er hat der österreichischen Nationalmannschaft nach außen wie nach innen wieder einen Stellenwert gegeben. Roland Kirchler weiß: „Es war beim Team auch schon so, dass sich bei der Kadernominierung Spieler wegen winziger Wehwehchen verletzt meldeten. Aber wenn Krankl ruft, kommt jeder, das hat er rein gebracht." Man sollte also annehmen, dass dieser Mann die Idealbesetzung als Teamchef von Österreich ist.

Das trifft dann zu, wenn man einen haben will, der nur seine Mannschaft und sein sportliches Umfeld im Auge hat, der das VIP-Klub-Geschwafel für entbehrlich hält und auch schon weg ist, wenn die Adabeis anrollen, der sich nicht bei Funktionären anbiedert, um wieder gewählt zu werden und der beide Ohren herunter klappt, wenn jemand glaubt, in Team-Angelegenheiten einflüstern zu müssen. Kurz: Hans Krankl hat in knapp vier Jahren schon einer ziemlich großen Anzahl von sich für ziemlich wichtig haltenden Menschen die Tür vor der Nase zugeknallt. Und damit polarisiert er natürlich auch in dieser Funktion wie eh und je, nur diesmal bei einer weitaus größeren Klientel als seinerzeit als Rapid-Stürmer oder auch als Klubtrainer: „Als Teamchef bist du ein Österreich-Anliegen und du musst das auch so nehmen, dass sie dich schimpfen und dass du Gegner hast, obwohl es bitter ist und weh tut", sagt Herbert Prohaska, einer von Krankls Vorgängern.

Auch Krankl fühlt sich gelegentlich als „lonely boy" des österreichischen Fußballs: „Wenn ich Klubtrainer bin, gehöre ich irgendwo dazu, da weiß ich beispielsweise, wenn ich in Salzburg bin, schaut es für mich ziemlich schlecht aus, wenn die Salzburger nicht mehr zu mir helfen. Als Teamchef bist du aber plötzlich allein und allen ausgeliefert. Da heißt es einmal, jetzt nimmt er sechs Steirer, was steckt da dahinter, dann haben wir wieder die meisten Burgenländer, die Tiroler schreiben, warum nimmt er den Tiroler nicht ins Team, und das geht ewig so dahin. Es wird ständig etwas inszeniert, das es nicht gibt, denn ich nehme nur die Besten und dabei keine Rücksicht auf irgendwelche Zugehörigkeiten."

Ich hole nur noch die Elite von Österreich und wenn diese Elite verliert, kann man verlieren, weil die anderen besser sind. Wenn wir gegen England 2:2 spielen, hat unsere kleine, bescheidene Elite den Göttern getrotzt.

Hans Krankl

Das kann man ihm uneingeschränkt glauben, denn so viel Spielraum hat Krankl bei der Auswahl seiner „kleinen bescheidenen Elite" nicht: „Ich habe die Möglichkeit, aus 28 Spielern für das Nationalteam zu wählen, und davon sind vier Torleute. Das ist die österreichische Elite. An diesen 28 arbeite ich ständig herum, und wenn ein Junger nachrutscht, bin ich schon der glücklichste Mensch. Es gibt außer denen vielleicht noch zehn

Fußballer, die derzeit aber noch weit weg sind von einer Nationalmannschaft und von einer WM-Qualifikation."

Auch Herbert Prohaska weiß, dass Krankl bei der Auswahl seiner Kicker keinen Fehler machen kann: „Das Material, das er hat, ist um etliches unter dem, das ich zur Verfügung hatte. Mir konnten sie vorwerfen, auf einen vergessen zu haben, aber das ist beim Hans ja gar nicht möglich." Und Helmut Senekowitsch, Krankls Trainer bei der WM 1978 in Argentinien, der es sich leisten konnte, mit Kurt Welzl einen der besten Stürmer im Land gar nicht für den WM-Kader zu nominieren, bilanziert bitter: „Ich war froh, dass Krankl zum Teamchef bestellt wurde, aber er ist im Grunde genommen ein armer Hund, wenn ich mir vorstelle, dass ich damals aus 40 wirklich guten Spielern wählen konnte. Meine Aufgabe war es, unter diesen die richtigen auszuwählen, und das war auch nicht einfach. Aber noch schlimmer ist es für einen Nationaltrainer, wenn er eine personelle Situation vorfindet, in der sich diese Aufgabe gar nicht stellt."

> *Viel besser kann eine Bilanz mit den wenigen Österreichern, die in der Liga regelmäßig zum Einsatz kommen, nicht sein als die von Hans Krankl. Ich habe es als Teamchef leichter gehabt.*
>
> *Josef Hickersberger, Ex-Nationaltrainer*

Krankl, der als Spieler Erfolgserlebnisse simpel definieren konnte, indem er das Runde ins Eckige wuchtete, tut sich nun mit der Relativität des Erfolges im Trainerjob besonders hart. Er ist als Teamchef ja nicht nur Trainer, Motivator und Taktiker, sondern zugleich Verkaufsleiter eines mittelmäßigen Produktes, und niemand darf glauben, dass er das nicht selbst am besten weiß. Auch wenn er, wie es jeder gute Verkäufer tun würde, in der Öffentlichkeit in der Regel die Vorzüge preist und nicht die Schwächen bejammert. Aber im Fußball ist es so, dass im Fall ausbleibender Erfolge noch vor dem Produkt derjenige hinterfragt wird, der es unter die Leute bringt: „Wenn du verlierst, wollen die Menschen am liebsten lesen: Jetzt nehmen wir einen anderen. Wenn du besser wirst und gewinnst, bist du auch nicht aus dem Schneider, denn dann steigen auch die Ansprüche und für dich als Teamchef ändert sich in Wahrheit nichts", weiß Herbert Prohaska.

Das ärgert auch Didi Kühbauer: „Wir haben jetzt eine gute Truppe, aber es wird übersehen und unter den Tisch gekehrt, dass etwas weiter geht." Hans Krankl und die Mannschaft haben unter extremem Druck die Partien gegen Wales in der WM-Qualifikation gewonnen, aber der nationale Freudenschrei blieb aus. Auch ÖFB-intern schien der Jubel über diese Siege verhalten zu sein, denn es wurde über magerere Leistungen schon fetteres Lob geschüttet.

> *Bedrängt von einer großen Erwartungshaltung*
> *und zunehmender Kritik, hat er unter Druck wieder*
> *etwas bewegt, und das ist eine Größe,*
> *wo ich sage, auch der Trainer Hans Krankl hat*
> *mit Sicherheit etwas, das Erfolg bringt.*
>
> *Werner Gregoritsch, LASK-Trainer*

„In der Nationalmannschaft", sagt Roland Kirchler, „geht jeder für den Trainer durchs Feuer, weil er sehr viel zurück gibt und sich nach außen immer vor die Mannschaft stellt. Oft kommen junge Spieler zu mir und staunen, wie er sich für die Truppe öffentlich abwatschen lässt. Denen sage ich immer: Stimmt schon, aber das müssen wir ihm auch zurückgeben." Es gab Situationen, in denen man den Eindruck gewinnen konnte, die Mannschaft spielt nicht nur um Punkte, sondern auch für den Trainer: „Wenn das Klima stimmt, spielst du indirekt auch für den Teamchef", sagt Didi Kühbauer: „Aber wenn ein Nationalspieler gegen ihn spielt, gehört ohnehin umgehend die Steinigung wieder eingeführt."

Hans Krankl ist in seiner Tätigkeit als Teamchef in den Mitteln, die er zum Erfolg braucht, limitiert. Das ist man in Österreich grundsätzlich, aber viele seiner Vorgänger hatten es von der Spielerdichte her wesentlich leichter. Er hat lange nach neuen Namen für die fußballerische Visitenkarte dieses Landes gesucht und manche sagen, er hätte sich damit zu lange Zeit gelassen. Er hat einen ursprünglichen Weg verlassen, an den er geglaubt hatte, der aber nicht praktikabel war. Dieser Weg war ihm jedoch vorgegeben und wurde eine Zeit lang auch von Arbeitgeber und Öffentlichkeit mitgegangen. Aber Krankl kann Qualität nicht erfinden, also muss er die aktuell besten Spieler des Landes für seine „kleine Elite" nominieren, auch wenn die schon in die Jahre gekommen sind: „Ich werde irgendwann den Ivo Vastic nicht mehr holen können, den Kirchler, den Kühbauer und den Martin Hiden. Aber so lange sie gut spielen, laufen können und der Nationalmannschaft helfen, werden sie von mir einberufen."

Er wurde in ein Programm hineingedrängt,
das mit einer Nationalmannschaft
nicht umsetzbar ist, und er hat diese Linie
zu Recht verlassen, weil er erkannt hat,
dass der ständige Versuch zu verjüngen nicht
zum gewünschten Resultat führt.

Heribert Weber, Trainer und derzeit „Premiere"-Experte

Hans Krankl hat seinen Stamm gefunden und in der Baumkrone des österreichischen Nationalteams treiben zarte Knospen. Ob daraus eines Tages pralle Früchte werden und ob Hans Krankl bei der Ernte noch dabei sein wird, wissen die Götter.

Wenn ja, wird im Hause Mirtl im Seekirchener Ortsteil Bayerham bei Länderspielterminen weiterhin emsige Betriebsamkeit vor den Kleiderschränken herrschen.

13

VON HEMINGWAY BEHAUCHT

Es ist diese verflixte Geschichte mit der Herdplatte, die man sich ein Leben lang merkt, weil man sich die Finger verbrannt hat. Hans Krankl war kein Kind mehr, als er einem deutschen Journalisten bei der Fußball-WM in Argentinien 1978 seine Wiener Telefonnummer gab, aber noch ähnlich vertrauensvoll. Bis eines Tages bei ihm daheim der Hörer glühte, durch den bis hin zu Morddrohungen alle möglichen Geschmacklosigkeiten drangen. Nach dem Spiel von Cordoba hatte es der Redakteur nämlich besonders originell gefunden, Krankls Telefonnummer in seinem Blatt zu veröffentlichen. Von da an war er ein gebranntes Kind.

Diese Geschichte begründete ein grundsätzliches Misstrauen im Spannungsfeld „Krankl und die Journalisten", einem

Beziehungsraum, in dem von großer Zuneigung bis zu harten Kämpfen alles möglich ist. Der junge Stürmer war den Medien wie ein Messias erschienen, als Fleisch gewordene Verkündung der Quoten-Frohbotschaft, noch lange bevor dieser Begriff zur medialen Richtschnur wurde. Krankl betrat zeitgleich als Fußballer und als Medien-Ereignis die Bühne der Öffentlichkeit. Schon sein Torjubel war nicht bloß Ausdruck der Freude, sondern emotionale Eruption.

Hans Krankl zu forcieren, war risikoloses, logisches Kalkül, weil durch sein charismatisches Auftreten stets mehr zurückkam, als man an Zeilen oder Sende-Sekunden investiert hatte. Er war schon früh ein medialer Selbstläufer, und weil er ein schlauer Kerl ist, machte er sich diese Gabe alsbald zunutze, indem er das Angebot annahm, als Kolumnist bei der „Krone" anzuheuern, für die die Verpflichtung des Torjägers spätestens mit Cordoba und dem Barcelona-Engagement zum Geniestreich wurde. Krankl bekam zur großen Karriere gleich das große Forum mitgeliefert, und das nicht zu Unrecht, denn er war schließlich Schlagzeile, Story, Bonmot und mythische Aura in einem.

Dass ihm die professionellen Kollegen mit großem Respekt begegneten, hatte mit dieser Sonderstellung jedoch nichts zu tun, sondern nur damit, was Hans Krankl sportlich leistete und wie er damit in der Öffentlichkeit auftrat. „Krone"-Redakteur Hannes Krawagna erinnert sich an seine erste berufliche Begegnung: „Er kam gerade zum ersten Mal aus Barcelona zurück, war bei der Vienna und ich musste ihn interviewen. Ich war zu diesem Zeitpunkt schon zehn Jahre im Geschäft, bin ihm aber mit einer derartigen Ehrfurcht begegnet, dass ich mich kaum etwas zu fragen traute." Dieser enorme Respekt blieb über die Jahrzehnte erhalten, und als Krankl zum Ausklang seiner Karriere bei Salzburg unterschrieb, empfing ihn Krawagna am Tag des legendären Kufstein-Spiels auf dem Parkplatz des Hotels Brandstätter bei strömendem Regen mit Kniefall und Handkuss. Weil das Erscheinen besonderer Spieler besondere Maßnahmen erfordert, war im Auftrag der „Krone" schon den ganzen Tag ein Lautsprecherwagen von der Stadt Salzburg bis Hallein unterwegs, in dem der damalige freie Mitarbeiter Peter Wehrhan und Ex-Schiedsrichter Bruno Fuschlberger das Sensationsengagement Krankls verkündeten.

Über ihn zu schreiben, war eine lohnende Sache für die Journalisten, weil man nie in die Situation kam, keinen Stoff für Stories zu haben. In seinem Namen die Kolumnen zu verfassen, konnte die professionellen „Beiwagerln" jedoch gelegentlich fast zum Entgleisen bringen. Karl Pointner, Berichterstatter von der WM 1978, erinnert sich an ein markantes Ereignis, als er im Österreicher-Quartier in Moreno ebenso verzweifelt wie vergeblich den Star-Kolumnisten suchte: „Mit Hilfe von Teamchef-Assistent Georg Schmidt und unter Polizeibegleitung durfte ich schließlich in den Trakt, in dem die Spieler wohnten. Und da stand der gute Herr Krankl und spielte mit argentinischen Buben Fußball. Da waren ihm die Kinder, mit denen er gegen die Mauer kickte, wichtiger als der Gedanke, dass er eigentlich auch eine Hackn hätte."

> *Zu seiner Kolumne nach dem*
> *1:5-Debakel gegen Holland hat er*
> *außer Tränen nichts beigetragen.*
>
> *Krone-Redakteur Karl Pointner, bei der WM 1978 Krankls Ghostwriter*

Wenn aber nicht gerade Kinder im Spiel oder Wunden nach einem Debakel zu lecken waren, war der Torjäger ein hochprofessioneller Partner beim Verfertigen seiner Glossen. Außer er hatte überraschender Weise einmal das Gefühl, eine Überdosis Krankl könnte das Wohlbefinden der Leser beeinträchtigen, wie Hannes Krawagna, bei der WM 1990 in Italien Krankls Ghostwriter, zu erzählen weiß. Krawagna musste dem prominenten Kolumnisten nämlich unvorhergesehen nach Ischia folgen, weil sich dieser spontan zur Abreise aus Florenz entschlossen hatte, und kam dort nicht wegen der prallen Sonne gehörig ins Schwitzen: „Der gute Hans befand plötzlich, dass seine Kolumne nur dann etwas wert wäre, wenn sie nicht täglich erschiene. Man dürfe nicht inflationär werden und müsse sich rar machen, teilte er mir mit. Das konnte ich schwerlich nach Wien weiterleiten, also stoppelte ich aus seinen Wortspenden beim Match der Ägypter eine meiner Ansicht nach sehr gut gelungene Kolumne zusammen, die ich dann auch abschickte."

Am nächsten Tag erspähte Krankl im Laptop des Journalisten den Bericht. Krawagna musste beichten, und nun schien die Katastrophe unausweichlich: „Das ist nicht mein Wortschatz, das ist nicht mein Stil. Ich breche hiermit die Zusammenarbeit ab", zürnte Krankl und ging ab. Wenig später legte dessen Berater Dr. Skender Fani an, der mit einem Schnellboot einen Ausflug nach Neapel gemacht hatte und winkte schon von weitem mit der dort erstandenen aktuellen „Krone": „Also da", schwärmte der Doktor, „ist euch ein echtes Meisterstück gelungen." Krankl nahm das Lob in aller Bescheidenheit an: „Ja, ich glaub', da hat mich der Hemingway behaucht." Und Krawagna ist sicher: „Von diesem Moment an war er überzeugt, er hätte mir das diktiert."

Als Spieler war Krankl im Umgang mit den Medien ähnlich geschickt wie mit dem Ball. Und er konnte sich auch über die Trefferquote für sein Ego nicht beklagen, denn es gab ja kaum einen Grund, nicht positiv über ihn zu berichten. Sogar wenn er nicht spielte, gehörten ihm gelegentlich die Schlagzeilen – so beim Saisonfinish in Eisenstadt, wo das 4:0 seiner Kollegen im Vergleich mit seinem Auftritt medial fast unterging, weil er die Fans am Stürmen des Platzes gehindert hatte. Krankl rettet auf Krücken und mit Gipsbein den Titel, war die Botschaft in Wort und Bild.

Der mediale Krankl-Bonus begleitete ihn auch in seiner Vereinstrainerkarriere und ermöglichte ihm unter anderem auch gleich den Einstieg bei Rapid, wo nicht alle Beteiligten vom Engagement des als Trainer noch unerfahrenen Fanlieblings überzeugt waren. Es hätte wohl auch keiner die Cup-Pleite gegen Stockerau auf dem Trainersessel überlebt, der nicht diesen Stellenwert in der Öffentlichkeit gehabt hätte. Hans Krankl zu sein zählte in dieser Phase seiner Trainertätigkeit mehr als die Profession an sich, sonst wäre er wohl keine drei Jahre bei Rapid gewesen.

> *Mainz bleibt Mainz und Krankl bleibt Krankl. Gegen solche Naturgesetze kann niemand an. Dass Krankl die Trainerprüfung überhaupt abgelegt hat, ist im Grunde so grotesk, als hätte Thomas Bernhard als Pensionist nachträglich Germanistik studiert.*
>
> *Egyd Gstättner als Gastautor in der „Presse"*

Aber hätte er nicht in der Folge für sein neues Betätigungsfeld hart an sich gearbeitet, wäre ihm auf Dauer trotz seines ganzen Krankl-Seins keine lange Lebensdauer in diesem Job beschieden gewesen. Er erledigte die Hausaufgaben mit der Methode „Learning by Doing" und hielt sich dafür den Rücken frei, indem er seine Gabe, als Medien-Ereignis aufzutreten, weiter kultivierte. Virtuos deckte er die ganze Palette vom sprachgewandten Sir an der Seitenoutlinie, der gerade einem Modemagazin entstiegen zu sein schien, bis hin zum naturbelassenen Schmähbruder aus dem sechsten Wiener „Hieb" ab. Ein besonderes Beispiel für zweiteres wird Hubert Winklbauer von der „Tiroler Tageszeitung" nie vergessen, nämlich Krankls verbale Aufarbeitung der unzureichenden Deckungsarbeit des Spielers Robert Wazinger gegen den Brasilianer Bebeto im Auswärtsspiel gegen La Coruna. Mit vor Zorn funkelnden Augen versuchte der damalige Tirol-Trainer im Gespräch mit dem Redakteur der Missachtung seiner taktischen Anordnung auf den Grund zu gehen: „Ich habe gesagt: Wazinger, der Bebeto muss das ganze Spiel deine Eier spüren. Und was ist? Der steht zwei Meter weg von ihm. Jetzt frag ich dich: Hat der so große Eier oder so einen großen Vogel?"

Für einen Journalisten gibt es keinen besseren Trainer als den Johann K. Es gibt welche, da fährst du vom Training zurück und denkst dir: Was schreib ich jetzt? Bei ihm kam man in die Redaktion und fragte sich: Wo schreib ich das alles hin?

Georg Fraisl, Sportchef der „Tiroler Krone"

Charme, Schmäh und unverdünnte Emotion waren Zutaten, die den Journalisten das Trainergericht Krankl immer aufs Neue zu einem publizistischen Festschmaus geraten ließ. Georg Fraisl wird die Stunden vor dem Spiel bei La Coruna nie vergessen: „Er hat in der Hotelhalle quasi eine Mannschaftsbesprechung für uns Journalisten abgehalten und uns erklärt, dass der österreichische Fußball über Jahrzehnte geprügelt und mit Füßen getreten worden ist und heute, ja heute der Tag der Rache angebrochen wäre. Der hat uns so aufgezwirbelt, dass ich beim Rausgehen aus dem

Hotel dachte: Wenn mir jetzt ein Spanier unterkommt, hau ich ihn nieder. Und ich bin wirklich ein friedliebender Mensch, aber der hat uns emotionalisiert, das war ein Wahnsinn."

Das zählt aber zum Entertainment-Programm des Trainers Krankl, und da gibt es auch kaum einen, dem diese Vorstellungen nicht gefallen. Eng wird es beidseitig, wenn es um die eigentliche Sache, den Fußball geht. Wenn er sich inkompetent beurteilt fühlt, eröffnet Krankl Kriegsschauplätze: „Wenn ich zornig bin über einen Journalisten, der meine Kompetenz als Fußballtrainer in Zweifel zieht, so einen Trottel, der nicht einmal das Recht hat, mir bis zu den Zehen zu kommen, dann ärgere ich mich, aber dieser Ärger ist gut, weil er mich stark macht." Bis zu einem gewissen Grad hat Krankl die Reibungsenergie aus diesen Konflikten sogar instrumentalisiert, wie sein früherer Pressesprecher Wolfgang Eichler erzählt: „Er nimmt Journalisten auch als Feindbild, um sich selbst zu motivieren. Das gehört zu einer Art Kriegsritual, das bei ihm vor den Spielen abläuft. Da ist man nicht mehr lieb und nett, da ist man hart und grob, ein Marine. Da schaukelt er sich zum Super-Macho hoch und das braucht er für seine Vorbereitung."

Das schaut zwar manchmal echt aus, ist aber in Wahrheit eine Inszenierung, mit der sich Krankl mental fit macht für den Kampf. Deshalb ist auch nicht alles, was er in diesen Momenten von sich gibt, hundertprozentig ernst zu nehmen, was auch daraus hervorgeht, dass die Blitze des Team-Zeus gelegentlich Menschen treffen, die eigentlich gar nicht gemeint sind. So erhob er bei der Pressekonferenz vor dem ersten Wales-Spiel seinen Zeigefinger, streckte ihn „Kurier"-Redakteur Wolfgang Winheim entgegen und sprach: „Und ehe der Hahn drei Mal kräht, wirst auch du mich verraten haben." Das sind theatralische Akte, die aber Krankls Charakterkopf nicht nur entspringen, damit er sich zum Rambo für die bevorstehende Schlacht auf dem Fußballfeld hochgamblen kann, sondern er fordert damit sehr wohl auch Solidaridät mit seiner Person und Funktion ein. Im Namen des Volkes, versteht sich.

Grundsätzlich billigt Krankl Kritik nur jenen zu, die sich im Fußball auskennen oder sich zumindest die Mühe machen, diesen Status zu erreichen: „Viele, die mich beurteilen, waren noch bei keinem Training von mir. Die sollen sich einmal 25 Trainings anschauen und dann können sie drüber schreiben, wie ich arbeite." Wenn Kritik fachlich fundiert und nicht unter der Gürtellinie angesiedelt ist, verträgt sie auch Krankl: „Ich habe nach dem Länderspiel gegen die Schweiz alle seine fünf Aussagen zum Spiel in der Zeitung widerlegt, worauf er mich am nächsten Tag anrief und sagte: Du hast geschrieben, wir sind zweitklassig. Das ist nicht richtig. Wir sind drittklassig. Alles andere stimmt", erzählt „SN"-Redakteur Hannes Winklbauer.

Wobei Krankl sich grundsätzlich schwer tut, wenn man es am Respekt seiner Person gegenüber fehlen lässt: „Man reibt sich am Erfolgreichen am liebsten und versucht sich an dem zu profilieren, wenn es einmal nicht so läuft. In Tirol wurde Ernst Happel am Anfang von fast denselben Leuten abgewatscht, die später über Krankl hergefallen sind", weiß der ehemalige Sportchef der „Tiroler Krone", Nick Neururer. Ein bisschen hat Krankl auch mit dem Generationswechsel im Journalismus zu kämpfen, denn viele seiner jahrzehntelangen Wegbegleiter sind aus dem Job heraus gealtert und den Erben fehlt oft nicht nur der Zauber der gemeinsamen Geschichte. Peter Pacult kann seinen ehemaligen Rapid- und nunmehrigen Trainerkollegen sehr gut verstehen: „Für uns aus dieser Generation ist es schwieriger geworden, mit 25-jährigen Journalisten zu reden, die nie eine Murmel getroffen haben und nicht wissen, wovon sie sprechen. Hickersberger, Schachner oder Jara können das besser überspielen als der Hans oder ich." Wobei Krankl den anderen gelegentlich ohnehin nicht zu Wort kommen lässt, wie er am imposantesten nach dem 3:3 gegen Nordirland am 13. Oktober 2004 beim Kampfmonolog gegen ORF-Redakteur Rainer Pariasek bewies. Da gibt es kein Halten mehr, da existieren weder Kalkül noch Schauspielkunst, da verlassen die Emotionen explosionsartig den Körper des Teamchefs:

„Mi interessiert des net. Mi interessiert ka Punkt net, mi interessiert gar nix, die Mannschaft war so super. Wir ham 3:3 gespielt, wir spielen nächstes Jahr gegen Polen auswärts, und wir schlagen die Polen, und wir schlagen Wales, und wir schlagen Wales zweimal, und mir is des so wurscht ... Ja dann is der Rückstand vier Punkte, werden wir ihn aufholen nächstes Jahr, und wenn wir ihn nicht aufholen ... diese Mannschaft ist kolossal, super ... Ich red da jetzt net über die Fehler, i bin gezeichnet von an Match, 3:3, des ma gwunnan ham. Es interessieren doch jetzt kane Fehler. Fehler werden gmacht, die Engländer machen Fehler ... und wir machen genug Fehler, aber es zählt kein Fehler bei dieser Moral einer Mannschaft und bei dem Kampfgeist, bei diesem spielerischen Vermögen, de ham, welche Mannschaft hat denn heut gspielt? Wir ham den Stranzl müssen a Minuten vor Beginn ersetzen, ja sag, denkt an des amal ana? Dass da Feldhofer Ferdl zum ersten Mal spielt gegen ein Ungeheuer mit der Nummer 10, der ein Rugbyspieler ist und ka Fußballer. Des san Dinge, diese positiven Dinge soll ma aufzähln. Net die Fehler ... Wann i siech wie der 33-jährige Kühbauer spielt, wie der 70 Meter geht in an Konter in der 88. Minute, ja lacht da net an jedem das Herz in Österreich?"

„Krone"-Sportchef Christoph Wikus lachte das Herz: „Man sah dem Rainer Pariasek schon die Frage an: Treten Sie jetzt oder erst nächste Woche zurück? Und dann überfährt er alle, das war medientechnisch derart großartig und noch über Rudi Völlers seinerzeitigen Ausbruch zu stellen." Wobei ein Journalist in so einer Situation eine arme Haut gegen die Naturgewalt Krankl ist. Denn die Auswirkungen dieses Resultats in der Tabelle nicht zu thematisieren, wäre von Pariasek journalistisch grob fahrlässig gewesen, auch wenn Hans Krankl das aus seiner Warte anders sah: „Ich gebe ein Interview aus Wut, aus Enttäuschung, aus Adrenalin – und der kommt mir mit den Punkten daher."

Das sind Momente, in denen Krankl mit sich durchgeht, in denen es kein Instrumentarium gibt, mit dem ihn irgendjemand stoppen könnte, und in sich selbst hat er dafür sowieso keines. Was Rainer Pariasek in Ausübung seiner beruflichen Pflicht tat, kam bei Krankl etwa so an, als ob ihm Sekunden nach dem aufregendsten Koitus seines Lebens noch im Bett jemand mit dem Mikrophon in der Hand auf die Schulter geklopft und ihn gefragt hätte, was er eigentlich dazu sage, dass Österreicher statistisch gesehen schlechtere Liebhaber seien als Franzosen.

Das sind auch jene Momente, in denen sich der Medienprofi Hans Krankl selbst reamateurisiert, in denen er die Nackenhaare auf- und sich im Ganzen knurrend vor seine Schutzbefohlenen stellt. Es ist dies die gestische Vorhut zum Heiligen Krieg, in den er dann zu ziehen bereit ist.

Weil ihm dann plötzlich wieder alles einfällt, was über ihn Falsches gesagt, Böses und Beleidigendes geschrieben worden ist. Weil er ihn dann wieder ganz deutlich vor sich sieht – den Feind im eigenen Hause.

14

DER FEIND IM EIGENEN HAUS

Der einstige Rapid-Präsident Joschi Draxler kam immer dann in die Spielerkabine, wenn es gegen die Wiener Austria oder den Wiener Sportklub ging. Dann versprach er den Kickern Extraprämien für den Sieg und verabschiedete sie mit dem immer gleichen Satz ins Gefecht: „Und merken Sie sich eines, meine Herren: Wir machen keine Gefangenen!" Die Tausender, die Hans Krankl in diesen Prestigepartien mit seinen Siegestoren extra verdiente, sind längst ausgegeben, die Parole des Ex-Präsidenten blieb ihm für immer. Wenn Österreichs Teamchef zu seinem Gerechtigkeits-Kreuzzug aufbricht, macht er auch keine Gefangenen.

Der Außenfeind in Gestalt einer gegnerischen Mannschaft

erweckt in ihm nur den sportlichen Ehrgeiz. Doch der Innenfeind, der ihn, seine Arbeit oder seine Mannschaft in Misskredit bringt, muss mit dem emotionalen Gesamtpaket Krankl als Gegner rechnen, mit einer Urwucht, die ohne Rücksicht auf eigene Verluste in den Kampf zieht – und das am liebsten gegen vermeintlich übermächtige Gegner. Da baut er sich zum weißen Riesen auf, der es mit der in seinen Augen dunklen Seite der Macht aufnimmt.

Elmar Oberhauser, als ORF-Ressortchef der mächtigste Medienmann im österreichischen Sport, wurde im Sommer 2004 vom verbalen Flammenschwert des Teamchefs getroffen. Und zwar, weil Oberhauser in der Pause des freundschaftlichen Länderspiels gegen Deutschland, so wurde es in der „Krone" zitiert, Niki Lauda zuraunte: „Brauchst keine Angst haben, wir gewinnen eh net!" Hans Krankl geriet beim Lesen in den anaeroben Bereich und unterstellte Oberhauser darauf hin in einem „News"-Interview, dass er „vom Turnen befreit" gewesen wäre. Als österreichischer Teamchef kurz vor der WM-Qualifikation gegen den ORF-Sportchef in den Krieg zu ziehen, steht gewiss in keinem Lehrbuch für strategisch klugen Umgang mit Medien. Aber es hat was.

Auch damit bin ich beliebt beim Volk,
aber deswegen mache ich das nicht.
Ich bin ja kein Populist, ich bin ein Tribun.

Hans Krankl über die „Affäre Oberhauser"

Krankl ist in solchen Situationen nicht zu stoppen. Er wartet auf den Zeitpunkt der Rache, und der kommt immer. Bei besagtem „News"-Interview war auch sein damaliger Pressesprecher Wolfgang Eichler dabei, aber nicht die ganze Zeit: „Bei mir hat während dieses Interviews zwei Mal das Handy geläutet, und es waren genau zwei Passagen, in denen er was Arges gesagt hat. Für mich war es ein harmloses Interview, aber als ich es dann gelesen habe, hat mich fast der Schlag getroffen. Mich hätte stutzig machen sollen, wie erleichtert er nach dem Gespräch war." Aber verhindern hätte Eichler es auch dann nicht können, wenn er durchgehend im Raum gewesen wäre: „Der Eisbär (Eichler; Anm.) hätte sicher gesagt, das darfst du nicht schreiben, aber ich hätte darauf bestanden, dass jedes Wort so drinnen steht, wie ich es gesagt habe", stellt Krankl klar. Warum er so etwas tut? „Ich sage, was ich mir denke, und ich gehe sicher nicht auf die Kleinen los. Ein Sekretär ist für mich kein Gegner. Der Oberhauser hat sich das verdient mit dieser Aussage, weil er die österreichische Nationalmannschaft beleidigt hat. Kritik ist in Ordnung, Spott nicht!"

> *Etwas zurückgeben wollen, ist nie gut, weil im entscheidenden Moment haben die Journalisten die besseren Karten. Sie warten auf deinen schlechten Zug, und der kommt immer.*
>
> *Otto Baric*

Krankl wird da zum Rächer der Entehrten, wenn er zurück haut, ist sein Ziel nicht Flurbereinigung, sondern Kahlschlag. Er macht keine Gefangenen, wie gesagt. Das kennzeichnet ihn wohl als wilden Hund, aber auf den ersten Blick nicht unbedingt als schlauen Fuchs. Denn auch den von ihm Getroffenen, schlägt wieder die Stunde, und auch sie können sie stets erwarten: „Als Trainer musst du auch mit Menschen arbeiten, die nicht so sind, wie du dir das vorstellst – auch bei den Medien. Man muss da umschalten können von emotionaler auf sachliche Ebene. Ich glaube, da wäre für den Hans der eine oder andere Freund gut, der ihm sagt, dass er ein bisserl vorsichtiger umgehen soll mit der Rhetorik", meint auch sein Trainerkumpel Werner Gregoritsch. Und Herbert Prohaska ergänzt: „Er will sich immer rächen. Das sind Dinge, da sollte er meiner Meinung nach drüber stehen, denn alles was er ist, kann ihm ja ohnehin keiner wegnehmen."

Das ist alles recht und schön, gut gemeint und gewiss nicht unrichtig. Aber es spart einen wichtigen Punkt aus: Es sieht zwar so aus, als würde Hans Krankl in solchen Situationen wie ein beleidigter Bub zurückschimpfen, aber eine derart simple Deutung würde seine Intelligenz beleidigen. In Wahrheit sind die Machthaber(er) in diesem Land, die wegen ihrer Funktionen hofiert werden, nicht seine Leute, und er lässt keine Möglichkeit aus, das zu dokumentieren. Es ist eine Form aktiver Résistance dagegen, sich institutionalisieren zu lassen und einer Clique zugeordnet zu werden, die in seiner Welt nur als Fremdkörper vorkommt. Darin zu jobben ist okay, aber dazugehören – niemals!

Andererseits verschweißt er sich dadurch, dass er sich für seine Mannschaft, seine „Kinder", im Kampf gegen die Mächtigen und Großen immer wieder den Schädel blutig rennt, mit den Spielern und dem inneren Kreis seines Teams, die, wenn man so auftritt wie Hans Krankl, über kurz oder lang als einzige Verbündete übrig bleiben. Peter Pacult, Krankl in vielen Dingen, so auch einer gewissen Forschheit im Auftreten nach außen nicht unähnlich, sinniert aber: „Vielleicht nimmt man die Spieler zu sehr in Schutz. Denn da sind oft vermeintliche Alpha-Männchen dabei, die im Misserfolg sehr schnell zu Gamma-Männchen werden."

Wobei der Wahrheit die Ehre zu geben und anzumerken ist, dass es nicht immer hehre Beschützermotive sind, derentwegen der Teamchef aneckt. Manchmal ist es pure Sturheit wie bei seiner Weigerung, für mehr als einen Tag bei der EM in Portugal anwesend zu sein, was die atmosphärische Verstimmung zwischen ihm und ÖFB-Präsident Friedrich Stickler eskalieren ließ.

Nun kann man seiner Argumentation durchaus folgen, dass er die Hausaufgaben für die WM-Qualifikation auch abseits der Europameisterschaft erledigen konnte – wie das 2:2 gegen England beweist. Aber wenn man ein gewisses Buch aus dem Jahr 1990 in die Hände bekommt, kann man die Chose auch anders sehen, denn da steht unter anderem geschrieben: „Darum war es für mich auch enorm wichtig, bei der WM-Endrunde in Italien dabei gewesen zu sein. Es war eine Studienreise von großem Wert." Titel des Buches: Das Spiel. Autor: Hans Krankl.

Fairerweise muss man sagen, dass das 15 Jahre her ist, Krankl am Beginn seiner Trainerlaufbahn stand und heute vieles auswendig weiß, was damals neu für ihn war. Bei der Euro 2004 wäre es um ein Gesichtsbad bei einer Messe des Fußballs gegangen, vielleicht auch um Marketing in eigener Sache, wahrscheinlich aber auch sehr wohl darum, dass der eine oder andere Funktionär an seiner Seite ein anderes Entree bei gewissen gesellschaftlichen Zusammenkünften gehabt hätte. Um Qualifikationsgegner England kennen zu lernen, musste er wirklich nicht dort sein.

Mich zwingt keiner nach Portugal, kein Journalist,
kein Stickler, kein Schüssel. Der Krankl fährt,
wann er will, und wenn er nicht will, fährt er nicht.

Hans Krankl

Sein Mitarbeiter Werner Germ sieht das pragmatisch: „Die Repräsentationspflicht, die von oben gewünscht wird, erfüllt er nicht hundertprozentig. Aber wenn man ihm die Freiheit lässt und er es macht wie er glaubt, kann man nicht im Nachhinein sagen, das war nicht in Ordnung." Krankl hatte die Wahl zwischen Familienurlaub in Italien und VIP-Getümmel in Portugal, und er entschied sich wenig überraschend: „Ich mache mich nicht wichtig, ich muss nicht mit dem Herrn Beckenbauer und dem Herrn Blatter Small-talk pflegen. Ich strebe kein Amt bei der UEFA an."

Im heimischen Blätterwald herrschte jedenfalls Sturmwarnung, denn auch viele Journalisten hatten für die Entscheidung Liegestuhl statt Lissabon wenig Verständnis, und vielleicht spielte das eine Rolle, dass Hans Krankl von da an auch medial ein strengeres Lüfterl um die Ohren zu pfeifen begann. Die Performance der Nationalmannschaft bei der WM-Qualifikation konnte das von Hannes Winklbauer so beschriebene Phänomen nämlich nicht begründen: „Komischerweise waren die österreichischen Kritiker alle für ihn, als er verloren hat und haben gesagt: Das ist ein richtiger Weg. Dabei haben sie in der Schweiz gespielt wie die Eierschwammerl, in Deutschland ein 2:6 gekriegt, wo sie es noch irrsinnig toll gefunden haben, dass der Landerl aufläuft, obwohl der keine Berechtigung hatte. Krankl wollte aus nichts etwas Großes machen, das war sein Traum, und der ist weitgehend geplatzt. Jetzt holt er die besten Fußballer, macht alles richtig, ist sogar erfolgreich – und steht in der Kritik."

> *Bei vielen Kritiken stehen auch andere Motive im Vorder- oder Hintergrund. Wenn man jemanden in Misskredit bringen oder sich selbst profilieren will, findet man auch beim Cruyff und bei Barcelona etwas. Den Krankl dafür verantwortlich zu machen, dass wir derzeit nicht gut stehen, ist mehr als ungerecht.*
>
> *Rapid-Trainer und Ex-Teamchef Josef Hickersberger*

Hans Krankl hatte mit dem EM-Verzicht wieder einmal getan, was ihm naturgegeben ist – polarisiert: „Bei solchen Themen ist er stolz und stur", weiß sein Assistenztrainer Franz Leberbauer: „Da macht er sich auch einen Sport daraus, auf seiner Position zu bleiben, aber er unterschätzt dabei sehr oft seine Feinde und überschätzt seine Freunde." Erstere ortet „Krone"-Redakteur Peter Linden inzwischen auch im eigenen Haus: „Krankl hat in der Qualifikation keinen Fehler gemacht, ich wüsste nicht was. Ich fürchte nur, er hat auch innerhalb des ÖFB so viele Leute verärgert, dass die nur darauf warten, dass er nicht zur WM fährt."

Hier tut sich in gewisser Weise die Henne-Ei-Problematik auf: Hat Hans Krankl so viele Gegner, weil er sich immer wieder wie ein toll gewordener Rambo auf Kriegspfad begibt, oder schlägt er um sich, weil er tatsächlich so viele Gegner hat? Ist sein Verdacht, hinter jeder Ecke könnte sich ein Feind und Neider verstecken, Paranoia, oder erkennt er mit dem Instinkt des ehemaligen Torjägers eher als andere, wer zum Sprung in sein Knie ansetzt? Es ist an früherer Stelle in diesem Buch darauf hingewiesen worden, dass Ex-ÖFB-Präsident Beppo Mauhart gegen Krankls Kür zum Teamchef gewesen war. Für den war er damit ein „Feind". Aber es gibt natürlich auch eine Vorgeschichte: Im Oktober 1990 war der damalige Rapid-Trainer Krankl zu Gast in der Diskussionssendung „Club 2", als es um die Bestellung von Alfred Riedl zum Teamchef ging. Und da sagte er: „Der Fisch beginnt beim Kopf zu stinken. Mauhart versteht nichts vom Fußball."

Hans Krankl merkt sich alles, was jemals gegen ihn gesagt oder geschrieben wurde. Seine diesbezügliche Maxime lautet: Vergeben ja, vergessen nie. Das ist in Ordnung, aber das muss er auch anderen zubilligen. Er nimmt für sich in Anspruch, stets

Wahrheit auszusprechen, übersieht dabei aber gelegentlich, dass diese nicht immer nur ein Gesicht hat. Vor allem aber geht er aufgrund seiner Charakterstruktur fälschlicherweise davon aus, dass auch alle anderen ihre Konflikte so austragen wie er: Mit offenem Visier, direkt ins Gesicht, beinhart im Kern der Sache.

Für ihn ist es unvorstellbar, dass Unehrlichkeit oder Umwege zur Wahrheit auch mit Unsicherheit und Angst zu tun haben können. Er übersieht, dass sich der Großteil seiner Mitmenschen sein Auftreten gegenüber Autoritäten gar nicht leisten könnte, weil das keinem, außer ihm, zugestanden wird – und auch ihm nur bis zu einer gewissen Schmerzgrenze. Aber er kann es sich erlauben, dass ihm selbst das egal ist, weil es ihn immer in irgendeiner Form geben wird, die ihm und seinen Liebsten ein angenehmes Dasein garantiert. Das hat ihm die Natur mit dem Gottesgeschenk seiner außergewöhnlichen Ausstrahlung gegeben, das hat er sich aber auch hart erarbeitet. Und es ehrt ihn, dass er all das nicht als Podium verwendet, auf dem er sich selbstgefällig um sich selbst dreht, sondern dass er die Kraft, die ihm daraus erwächst, auch für andere einsetzt. Für seine Familie, für Freunde, für seine Spieler, für seinen „inneren Kreis", mit dem er zusammenarbeitet.

Und für seinen Glaubenskampf gegen jene, denen gegen seine starke Persönlichkeit die Argumente oder der Mut zum offenen Konflikt fehlen und die ihn stattdessen mit kleinen Nadelstichen zu piesacken beginnen. Da wird ihm nachgesagt, er umgebe sich nur mit Jasagern und willfährigen Anbetern. Da wird ihm vorgeworfen zu faul zu sein, um selbst zu Spielbeobachtungen zu reisen und stattdessen nur seinen Assistenten Kovacic zu entsenden. Da wird hinter vorgehaltener Hand getuschelt, dass irgendwelche Spieler, die das natürlich auch nur hinter vorgehaltener Hand sagen, taktische Defizite beim Teamchef ausgemacht hätten. Und da wird ihm, weil er sich nichts gefallen lässt, grundsätzlich die Kritikfähigkeit abgesprochen. Wenn man sich all diese Vorhalte genauer anschaut und mit den betroffenen Menschen darüber spricht, gewinnt man den Eindruck, dass da einer angepatzt werden soll, den man sich nicht anzugreifen traut.

„Es stimmt nicht, dass ich nur schwache Menschen um mich dulde", sagt Hans Krankl: „Aber mein innerer Kreis, Trainer, Spieler, Masseure, Sekretär, der muss zusammen halten. Das sind die Leute, die müssen mir ergeben sein, nicht abgöttisch, sondern in Form von Loyalität. Wenn wir jubeln, jubeln wir miteinander, und wenn wir verlieren, müssen wir auch ein Team sein. Wenn ich nicht weiß, dass ich mich darauf hundertprozentig verlassen kann, kann ich nicht gut arbeiten, dann habe ich keinen Erfolg." Slavko Kovacic, Krankls Kotrainer und von manchen als dessen nickender Wurstel denunziert, beschreibt die Zusammenarbeit mit dem Chef so: „Wir haben viele Diskussionen, aber die bleiben auf ewig zwischen uns beiden. Ich muss meine Meinung sagen, weil zwei Köpfe besser denken als einer, aber sein Kopf ist der, der dic Verantwortung trägt, deshalb muss er entscheiden. Zwischen uns strahlt eine Energie, und ich hatte noch nie das Gefühl, er ist ein hoher Mann und ich ein kleiner Mann. Es gab noch keine Kadernominierung und keine Auswechslung bei einem Länderspiel, ohne dass er mich um meine Meinung gefragt hätte."

Ich bin kein Kotrainer, der nur die Mannschaft weckt und vielleicht das Auto des Teamchefs waschen muss. Ich würde nie für jemanden arbeiten, der meine Impulse ignoriert.

Slavko Kovacic, Hans Krankls Trainer-Assistent

Otto Baric erklärt, warum der Kroate für ihn ein perfekter Kotrainer ist: „Kova ist ein zuverlässiger, ernster und ehrgeiziger Arbeiter ohne sich zu zeigen." Er muss es wissen, denn schließlich hat er in Salzburg mit ihm jahrelang erfolgreich zusammengearbeitet. Stefan Marasek, Hans Krankls ehemaliger Spieler bei Mödling, dementiert die Jasager-Theorie: „Er hat bei uns immer auf Spieler gesetzt, die auch Nein sagen, und ich glaube, er mag keine Jasager. Wenn ich Trainer wäre, würde ich mir auch nur Leute meines Vertrauens holen. Das muss man tun, um in Ruhe arbeiten zu können. Die müssen absolut loyal sein, gut in ihrem Job. Kritisieren gibt es nur unter vier Augen. Alles andere macht eine Arbeit unmöglich, da hast du eine geringe Lebensdauer."

Dass Krankls Team gut arbeitet, zeigt sich nicht nur in Resultaten, sondern wird auch von Nationalspielern bestätigt, die keine vorgehaltene Hand benötigen, wenn sie etwas zu sagen haben, wie Didi Kühbauer oder Roland Kirchler. Und Peter Pacult hat sich die Trainings des Nationalteams vor den Länderspielen gegen England und Polen angeschaut: „Da hat man gesehen, er bereitet die Spieler darauf vor, was sie im Match erwartet." Das kann man nur, wenn man genau weiß, was zu erwarten ist: „Kova und ich haben die Engländer in Millimeter seziert, ich habe sie mir selbstverständlich auch selbst angesehen. Das Interessante ist nur, ich habe nach dem 2:2 kein einziges Entschuldigungsschreiben von irgendeinem erhalten, der mir meine Absenz bei der Europameisterschaft vorgehalten hat", ätzt Krankl.

Mich wundert, dass noch keiner geschrieben hat,
dass ich nicht beim Confederations-Cup bin,
wo lauter Tote spielen, die hundemüde sind.
Ja sind die vielleicht schon abgestumpft?

Hans Krankl im Sommer 2005 in Jesolo

Bei Konflikten wie diesem bleibt Krankl auf seinem absoluten Standpunkt und ist nicht in der Lage zu relativieren. Es ist legitim, nicht nach Portugal zu fahren, wenn ihm die Entscheidung freigestellt wird. Aber es ist deshalb nicht zwangsläufig jeder Journalist, der die Handlung als falsch bewertet, ein Feind der Person. Da hat der Medienprofi Krankl mit Sicherheit noch Nachschulungsbedarf.

Und es stellt sich die Frage, ob sein alttestamentarischer Konfliktlösungsansatz nicht kontraproduktiv ist und mit den Notwendigkeiten moderner Medien-Performance kollidiert. Denn das hat nichts mit Verbiegenlassen oder Abweichen vom Pfad der Ehrlichkeit zu tun, sondern nur damit, dass man auch einmal Auge Auge und Zahn Zahn sein lässt: „Ich war überrascht", sagt sein früherer Wegbegleiter Heribert Weber, „wie wenig er sich öffentlich gefreut hat, dass er gegen Wales sechs Punkte geholt hat. Es war wunderbar, er hat seine Spieler gelobt, aber er hat auch wieder ausgeteilt. Statt dass er sagt, mich freut, dass ich vielleicht den einen oder anderen überzeugen konnte, dass ich der Richtige bin, hat er wieder gesagt, jetzt müssen die zurück in ihre Löcher, die schon heraußen waren. Ich glaube, wenn er das abstellt, wenn er bereit ist zu erkennen, dass es nicht nur Freunde gibt, sondern auch Kritiker geben muss, wird er noch lange Teamchef sein."

Wenn er jemanden nicht mag, existiert derjenige für ihn nicht. Das ist etwas, mit dem viele nicht klar kommen, vor allem die Möchtegern-Funktionäre und jene Leute, die sich bei Prominenten sonnen. Die mag der Hans nicht.

Peter Barthold, ehemaliger Rapid-Kollege

Hans Krankl ist trotz des Aufstiegs zu einem der populärsten Österreicher ein Mensch geblieben, der im einfachen Volk verwurzelt ist. Das ist auch die einzige Instanz, die er ohne Einschränkung akzeptiert und bei der ihm auch ein Liebesentzug so richtig wehtun würde. Wenn er sich als Tribun bezeichnet, meint er das ernst, es ist aber nicht der ultimative Beweis dafür, dass er völlig übergeschnappt ist, sondern das Signal: Ich bin zwar auf einem Podest, aber trotzdem einer von euch. Dass er Konflikte mit den Mächtigen nicht scheut und es ihm egal ist, wenn er mit fliegenden Fahnen untergeht, liegt unter anderem daran, dass er diese instinktiv als eine Art von natürlichen Feinden erkennt, deren Spielregeln und Lebensgrundsätze in der Regel mit den seinen keine Überschneidungen aufweisen.

Hans Krankl ist eine der dominantesten Figuren im Land, aber er ist kein Machtmensch. Denn seine Dominanz kommt aus der Persönlichkeit heraus und nicht aus einer Funktion. Nach ihm drehen sich die Menschen auch um, wenn sie nicht wissen, dass er österreichischer Teamchef oder was sonst gerade ist. Er braucht keine Titel, ihn hat die Natur mit seinem Charisma geadelt. Das macht viele zornig, die, ihrer Funktion beraubt, nur noch kleine, große, dicke oder dünne, in jedem Fall aber ziemlich unscheinbare Menschen wären. Mit dem Instinkt des Torjägers spürt Krankl, dass viele, auch wenn sie ihm schön tun, darauf neidisch sind. Dass er, der kleine Straßenbahnerbub aus Mariahilf mit seinem unkomplizierten Lebens-Strickmuster, der jahrelang nichts anderes getan hat als Bälle in Tore zu schießen, auch Jahrzehnte danach manche in vielerlei Hinsicht um Haupteslänge überragt, schürt gewiss in einigen den Wunsch, ihn anderweitig zurechtzustutzen. Dass er, der auf „Seitenblicke" und Schickimicki pfeift, trotzdem öfter im Fernsehen zu sehen ist als so mancher, der sich unter größtem Aufwand und bei jeder Gelegenheit dorthin zu pressen versucht, provoziert möglicherweise das Verlangen, ihn abzudrehen.

Krankl könnte über all dem stehen und es milde belächeln. Das tut er wahrscheinlich deshalb nicht, weil er sich mangels großer Erfolge als Trainer angreifbar und angegriffen fühlt. Darin schlummert nur eine Gefahr: Dass er beginnt, sich über seine „Feinde" zu definieren. Denn das würde diese auf- und ihn selbst abwerten.

15

DER NACHTFALKE

Alles begann als musikalische Antithese zu Johannes Heesters. Der war in den 60er-Jahren der Lieblingssänger des Wiener Straßenbahners Johann Krankl, aber was aus dem kleinen grünen Plattenspieler drinnen im Kabinett in der Straßenbahnerwohnung in der Webgasse drang, hatte mit Heesters so viel zu tun wie der alte Krankl mit Sex, Drugs & Rock'n'Roll. Es war die Kinks-Platte „Well respected", die Sohn Hansi auf dem Plattenteller rotieren ließ, und da platzte Krankl senior der Kragen: „Was is des fia a Negermusi?", fragte er, ins Zimmer stürzend. Darauf Klein-Hans: „Papa, des san kane Neger. De san alle weiß!"

Verheiratet mit dem Ball, war die Geliebte des Hans Krankl von Kindesbeinen an die Musik. Kinks, Dave Dee mit Dozy,

Beaky, Mick & Tich, The Move und natürlich die Beatles küssten in ihm damals eine Leidenschaft wach, welche ihn 40 Jahre später zum Besitzer von etwa 6.000 CDs und Tausenden Schallplatten machen sollte, die sich im mächtigen Walnuss-Schrank bei Krankl daheim in Hietzing so sicher fühlen dürfen wie in Fort Knox. Das ist sein persönliches Refugium, hier genießt er mit euphorisierenden Rhythmen die Stunden nach Siegen auf dem Platz, hier beweint er zu schwersten Blues-Klängen die Niederlagen. Hier ist seine Wellness-Oase für die Seele, denn Hans Krankl hört Musik nicht mit den Ohren, er empfängt sie mit dem Herzen.

Fernsehen tut er aber auch gern, und das war in einem Fall sehr gut für ihn und die Hörer von Radio Wien. Die 62-teilige Serie „Der Nachtfalke" (Original: „Midnight Caller"), gesendet auf Kabel 1, hatte es ihm angetan. Gary Cole spielt darin den Cop Jack Killian, der versehentlich seinen Partner erschossen und daraufhin den Polizeidienst quittiert hat. Als er in Whisky zu ertrinken droht, bekommt er von der Besitzerin einer Radiostation das Angebot, eine allnächtliche Radioshow zu moderieren, bei der die Menschen mit ihren Sorgen und Problemen anrufen können. Die Sendung wird zum Volltreffer, Killian immer wieder in verschiedenste Kriminalfälle hineingezogen, die er dann auf eigene Faust zu lösen versucht. Es war aber nicht nur die Handlung, die Hans Krankl an dieser TV-Serie faszinierte, sondern vor allem die Musik, die der Moderator-Cop zwischen den Anrufen auflegte. Die gedämpfte Trompete von Miles Davis und das Saxophon von Charly Parker legten im alten Rock'n'Roller Krankl eine völlig neue Beziehungsebene zur Musik frei. Und wie er sich auf seinen Rachefeldzügen gegen Unflat und Ungerechtigkeit oft in Luke Skywalker oder Dirty Harry verwandelte, wollte er jetzt der Nachtfalke sein.

ORF-Reporter Edi Finger junior, allseits bekannt aus Funk und Werbung, legte ihm die Schiene zum damaligen Programmchef von Radio Wien, Gerhard Frühling, und dem bot Krankl in einem zweistündigen Monolog aus dem Stegreif ein fix und fertiges Sendungskonzept für den Nachtfalken made in Austria an.

Ich wollte das ursprünglich im Fernsehen
machen, aber das geht nicht.
Es wird in der Quotenschleuder ja alles abserviert,
was keine Einschaltziffern bringt.

„Nachtfalke" Hans Krankl

Der Anspruch war, wie stets bei Krankl, höchst bescheiden: „Ich will zeigen, dass man auch anders Radio machen kann", teilte er Frühling mit. Dem gefiel die Idee und er stellte Krankl Redakteur Thomas Vitera zur Seite, der sich an die erste Begegnung mit dem neuen Promi-Kollegen erinnern kann, als ob es gestern gewesen wäre: „Wir trafen einander in der Kantine, er sagte: »Griaß di'«, dann knallte er mir eine CD von Miles Davis auf den Tisch und sagte: »Sechster Cut, das wird die Signation.« Ich sagte: »Kenne ich, ich hör' s mir aber noch einmal an«." Beim zweiten Treffen eröffnete Vitera: „Die Nummer ist super, aber keine Signation." Darauf Krankl: „Ka Miles Davis, ka Sendung!" Vitera war jedoch vorbereitet, drückte nun seinerseits Krankl drei CDs in die Hand und legte ihm ein Saxophon-Stück aus dem Al-Pacino-Film „Sea of love" ans Herz. Beim dritten Meeting knurrte Krankl: „Ja, können wir nehmen. Aber der Miles ist trotzdem besser." Das war der Beginn einer wunderbaren Männerfreundschaft.

In der Fußball-Auszeit zwischen seinen Trainerstationen Gerasdorf und Salzburg war der vormalige Goleador von nun an

Moderator und jeden Sonntag auf Radio Wien zu hören: „Es ist 22 Uhr und hier ist Hans Krankl, der Nachtfalke."

Akribisch bereitete er die Sendungen zu Hause vor, legte Platten vor sich auf und komponierte die entsprechenden Song-Mischungen: „Mich zipft das Ö 3 mit seiner Hitparade den ganzen Tag von A bis Z an. Das ist okay im Sinne der Quote, aber keine Real Music. Die Menschen haben die Ehrlichkeit und die Überzeugung gespürt, mit der ich meine Musik ausgesucht habe. Es macht einen merkbaren Unterschied, ob das ein Mensch tut oder ein Computer, ein Zufallsgenerator, der eine Playlist ausspuckt." Noch dazu, wenn das ein Mensch macht, der so ein gutes Gespür für Musik hat, wie auch Vitera bestätigt: „Seine Liste war immer top secret, ich habe sie am Sendungstag handgeschrieben per Fax bekommen, und seine Auswahl war immer sehr gut." Es wurde wirklich eine andere Art Radio, die mit dem Nachtfalken entstand, denn eine 17-Minuten-Nummer von „Rare Earth" in voller Länge auszuspielen, war nicht alltäglich.

Du konntest ihn schon als Spieler um drei in der Früh aufwecken und er hat dir gesagt, wo der Jerry Lee Lewis am 3. Oktober 1955 gespielt hat.

Kurt Garger, Krankls Mannschaftskollege bei Rapid

Aber auch die Auftritte Krankls abseits der Moderation waren durchaus außergewöhnlich. Wenn er kam, stieß er die Tür auf und begrüßte sich selbst mit Fanfarenklängen: „Wie ein Ritter, der die Burg erreicht hat", erinnert sich Vitera. Dann wanderte stets unverzüglich eine CD in die Anlage und nach fünf Minuten hatten Lautstärke wie auch Stimmung des Moderators den Höhepunkt erreicht. Da konnte es schon passieren, dass Krankl am Boden kniete, den Kopf hintenüber gebeugt und Leadgitarrenspiel imitierte. Das tat er auch gerade, als eines Tages eine ältere Dame in der Tür stand, die einen Stock höher eine Religionssendung vorbereiten wollte, aber durch den Krawall darunter gestört war:

„Was machen Sie hier?", fragte die Botin des Herrn, die Arme in die Hüften gestemmt, eine schmale Lesebrille auf der Nase und im Ganzen von großer Fassungslosigkeit ob dieses Schauspiels befallen, in strengem Burgtheater-Ton. Krankl unterbrach sein Luftgitarrenspiel nicht, beugte den Kopf noch ein Stück weiter zurück und antwortete knapp: „Wir bereiten uns auf die Sendung vor." Ein anderes Mal kreuzte er mit einem T-Shirt mit der Aufschrift auf „Ich Chef, du nix" und deutete während der Sendung immer wieder darauf. Er brauchte auch in diesem Metier seinen Starkult mit Augenzwinkern, seine Motivation, seine Vorbereitung – und seine Stimmung: „Er bestand immer auf einer Stehlampe im Studio, die die Atmosphäre des Nachtfalken heraufbeschwören sollte. Dieses Intime, nur die Nacht, er, das Mikrophon und draußen die Hörer", erzählt Thomas Vitera.

> *Ich wollte aber nie der Dr. Sommer von Radio Wien werden, bei dem die Pubertierenden anrufen und sagen: „Ich bin verliebt, soll ich meine Freundin küssen?"*
>
> *Hans Krankl*

Im Unterschied zum Original aus San Francisco war der Wiener Nachtfalke aber kein „Talk Radio". Zwar wurden auch Anrufer zu Krankl durchgeschaltet, aber erstens nur drei, vier pro Sendung und zweitens keine, die ihre Probleme über den Äther zum Falken schicken wollten – und schon gar keine, die über Fußball reden wollten. Das verbat sich Krankl ausdrücklich. Aber auch mit all diesen Auflagen erlebte Vitera den Nachtfalken beim Soloflug durch den Äther mit einer Aktion, zu der nur Krankl fähig ist. Eines Nachts rief ein in Wien lebender Uruguayaner an und erbat vom Moderator musikalische Tipps für ein Fest, das er zu Ehren anreisender Verwandter geben wollte. Es dauerte keine zwei Sätze und die Unterhaltung lief auf Spanisch ab. Vitera schrieb unverzüglich einen riesigen Zettel und hielt ihn an die Scheibe, die ihn vom Moderator trennte: „Falke, übersetzen!", stand in riesengroßen Lettern drauf. Der plauderte munter auf Spanisch weiter und übersetzte natürlich nicht. Als der nächste Song lief, fragte der Redakteur über die Gegensprechanlage: „Warum hast du nicht übersetzt?" Darauf Krankl knapp: „Geht ja kan was an."

> *Was mir im Nationalteam wirklich gut gefällt, ist,*
> *dass die Fußball-Videos, die wir schauen,*
> *immer musikalisch untermalt sind. Ich kenne jedes Lied,*
> *das er da aussucht. Die Videos selber taugen mir*
> *gar nicht so, aber die Musik ist ausgezeichnet.*
>
> *Dietmar Kühbauer, Nationalspieler*

Hans Krankl machte seinen Sidestep ins Radio-Metier nicht, um sich wichtig zu machen oder aus Publicitygeilheit, sondern aus Musikleidenschaft. Und er verdiente in der Trainer-Zwangspause damit nicht nur seinen Lebensunterhalt, sondern nützte seine Auszeit, um dazu zu lernen. Denn mit den Texten, die ihm Thomas Vitera für die Moderation schrieb, drang er viel weiter in die Geheimnisse der Musik und ihrer Interpreten ein, als ihm das mit dem bloßen Hören seiner daheim gehorteten Schätze möglich gewesen wäre: „Diese Zeit war für mich ein Weiterbildungskurs. Der Tommy hat mich mit seinen Texten auf Sachen gestoßen, die mich brennend zu interessieren begannen." Man kann ihn heute fragen, wie oft Jazz-Göttin Dinah Washington verheiratet war oder wie Gitarrist Roy Buchanan ums Leben gekommen ist. Er wird es wissen. Und im Sommerurlaub 2005 las er am Strand nicht nur die Tageszeitungen und Sportmagazine, um im Job auch während der Urlaubszeit informiert zu bleiben, sondern dazu auch noch die Biographien von Johnny Cash, Miles Davis, Sting, Joe Zawinul, Oscar Peterson und Paul McCartney.

Hans Krankl ist heute ein wandelndes Musiklexikon, und er legt auch in diesem Metier Wert darauf, in manchen Teilbereichen der Größte zu sein. Gemeinsam mit Thomas Vitera hörte er sich in der Wiener Stadthalle ein U2-Konzert an, als Niki Lauda deren Loge betrat. „Hallo Hans." – „Hallo Niki." – Lauda: „Weißt eh, i bin der größte U2-Fan." – Krankl zu Vitera: „Pass auf." – Krankl zu Lauda: „LP Rattle and Hum, 8. Cut. Was is des?" – „Weiß ich nicht." – Krankl: „I bin der größte U2-Fan!"

Gleichzeitig kann die Allzeit-Größe des österreichischen Fußballs in der Musik ganz klein werden, demütig und sich selbst nicht mehr wichtig nehmend, wenn es zu persönlichen Begegnungen mit musikalischen Idolen kommt.

Ich habe den Hans Krankl wie ein Kind schmelzen gesehen, Hände schüttelnd und küssend, er ist zerronnen.

Nick Neururer über den Abend mit Buena Vista Social Club in München

Nikolaus Neururer, zu Hans Krankls Trainerzeit in Salzburg dort Sportchef, hatte schon aus gemeinsamen Tiroler Tagen um dessen große Musikleidenschaft gewusst und als Überraschung Karten für das Konzert von Buena Vista Social Club im Münchner Circus Krone besorgt, wo er und Krankl sich plötzlich in der ersten Reihe, fast in Griffweite der legendären, betagten kubanischen Damen und Herren Ibrahim Ferrer, Compay Segundo, Omara Portuondo und Ruben Gonzales wieder fanden. Wie ein kleines Kind vor dem Weihnachtsbaum saß der damals 45-jährige Krankl da und huldigte den grandiosen Greisen. Als das Konzert zu Ende war, drängte er zur Bühne, küsste den Künstlern die Hände und erzählte auf der Rückfahrt nach Salzburg seiner Frau Inge am Telefon bis weit nach Rosenheim von diesem großen Abend.

In seine Salzburger Zeit fielen zwei weitere Begegnungen der besonderen Art: Im Rockhouse verschaffte ihm Chef Wolfgang Descho beim Konzert von Chris Farlowe Zugang zum Backstage-Bereich, und Krankl konnte in der Künstlergarderobe leibhaftig mit jenem Mann plaudern, dessen Platten er als Kontrastprogramm zum Radio-Alltag als Nachtfalke aufgelegt hatte.

Und im damaligen Stadtkino-Saal traf er „Storyteller" Ray Davies persönlich, den Kinks-Chef, die Musikgottheit seiner Kindheit. Es war ein Augenblick, auf den er 33 Jahre gewartet hatte, und hiermit schloss sich der Kreis zum kleinen Hansi mit dem grünen Plattenspieler im Kabinett der Straßenbahnerwohnung in der Webgasse in Wien-Mariahilf.

16

DER WEISSE SOHN DES TIGERS

Manchmal wird man das Gefühl nicht los, dass die Schöpfung Sachen, die ihr besonders gut gelungen sind, noch einmal machen will. Da war der Rapid-Stürmer, der von sich sagte: „Wenn ich den Ball habe, treibt es mich gegen das feindliche Tor, und ich muss ein Goal schießen." Die Betonung lag auf „ich" und „muss". Seine ersten beiden Partien für Rapid endeten 3:0 und 7:1 – er erzielte zehn der zehn Tore. Bildhauer meißelten seinen Charakterkopf, Porträtmaler zückten die Pinsel, die Filmindustrie bannte ihn auf Zelluloid. Er betrat auch selbst die Bühne, um seine Stimme zum Gesang zu erheben. Sein Name war nicht Hans Krankl.

58 Jahre, bevor am Valentinstag des Jahres 1953 der Welt

der Herr Hans überreicht wurde, hatte sie schon Josef Uridil in Empfang genommen, und der wäre in der ewigen Torschützenliste von Rapid sicher besser platziert als an zehnter Stelle, wenn ihm nicht der Erste Weltkrieg vier Jahre gestohlen hätte, also näher an, wenn nicht gar gleichauf mit Krankl, der dort als Zweiter logiert. Denn bei den vielen Gemeinsamkeiten in der Biographie würden auch gleich viele Tore nicht verwundern. Wie Krankl entstammte auch Uridil einfachen Verhältnissen, wusste von klein auf, was er erreichen wollte und befuhr die Direttissima zum Ziel. Auch Uridil war als Rapid-Stürmer eine Macht, legendär wurden seine sieben Tore beim 7:5-Sieg gegen den WAC am 10. April 1921. Für den WAC sollte fast genau 50 Jahre später der von Rapid dorthin verliehene Herr Krankl acht Tore zum 9:2-Sieg gegen Hinteregger schießen. Und wo später Johann K. mit „Rostigen Flügeln" landete, stand Uridil schon ein halbes Jahrhundert zuvor – auf der Bühne. Er trat als Couplet-Sänger genau so auf wie im Kabarett, unter anderem gemeinsam mit dem nuschelnden Hans Moser.

Aber eines hatte der Uridil nicht, was seinem Nachfolger aus jeder Pore quillt: Diese große Leidenschaft für die Musik.

Wobei es für den Herrn Hans als Sänger und Bühnenfigur natürlich auch des Prinzips Versuch und Irrtum bedurfte, um auf dem schmalen Grat zwischen Gig und Gag nicht auszurutschen. Es gibt Frühwerke, frage nicht. Da hat er sich später jahrelang geniert, ehe er sie mit einem Schmunzeln im Fach für musikalische Jugendsünden ablegen konnte. Aber ihm kam beim Einstieg als Sänger vor allem eines zugute, was ihn auch als Fußballer auszeichnete: Die Konzentration auf seine Stärken.

Der Start in jene Phase, ab der man Krankl als Sänger gelten lassen konnte, erfolgte auf dem Rapid-Platz. Da war Kabarettist und „Kottan" Lukas Resetarits bei Heimspielen Stammgast, und es kam zu einer Anfreundung zwischen Fan und Torjäger. Als Resetarits und Autor Helmut Zenker auf dem Höhepunkt der „Kottan"-Begeisterung in Österreich eines Tages beschlossen, eine LP mit „Kottans Kapelle" einzuspielen, kam die Idee auf, Krankl darin einzubauen. Willi Resetarits, der Bruder des Lukas und spätere „Dr. Kurt Ostbahn", machte die Produktionsleitung und besang auch die Tonspur mit jener Stimme, die dann im Studio die von Hans Krankl werden sollte, um ihm das Üben daheim zu erleichtern: „Ich habe wahrgenommen, dass er die Botschaft, die auf dem Tonband war, sehr genau analysiert, studiert und zu hundert Prozent angenommen hat", erinnert sich Willi Resetarits.

Seine Selbstdiagnose, dass außer ihm in Österreich
auf weiter Flur gesanglich eigentlich eh nichts da ist,
hat er mit derartiger Überzeugung vorgetragen,
dass wir gelegentlich sogar unsicher wurden,
ob er das jetzt selbst glaubt.

Willi Resetarits, „Kurt Ostbahn" in Ruhe

Das war die Entstehung von „Rostige Flügel", einer gecoverten Country-Rock-Nummer, die Hans Krankl einmal die Richtung wies. Er warf der musikalischen Öffentlichkeit „Aspirin" ein, die ins Österreichische umgemodelte Version von J. J. Cales Klassiker „Cocaine", und er traute sich auch über die Troggs-Nummer „Wild Thing", die bei ihm zum „Wahnsinn" wurde: „Die Zenker-Texte waren genial", schwärmt Krankl: „Und es macht mich stolz, Lieder von so großen Musikern auf Platte gesungen zu haben. Die sind mir, glaube ich, auch sehr gut gelungen." Wenn man sich ansieht, was bis dahin an gesanglichen

Fehlpässen von Fußballern auf Vinyl gepresst worden war, muss man dem zustimmen.

War sein Duett mit Herbert Prohaska, das heute noch regelmäßig als Stammgast in allen „Hoppala"-Sendungen auftaucht, noch pures Theater, sein Erstling „Ohne Balln und ohne Netz" eine unfreiwillige Persiflage auf singende Kicker, so begab sich Johann K. nun auf einen Weg, den sogar der große Willi Resetarits anerkennend so beschreibt: „Ich habe bis zum heutigen Tag bei ihm durchaus eine positive Entwicklung wahrgenommen."

Ich möchte in einem Buch gern die dunklen Punkte
verleugnen. Bei „Ohne Balln und ohne Netz"
hat die dunkle Seite der Macht Gewalt
über mich bekommen.

Hans Krankl alias Johann K.

Wobei Krankl in der Musik am stärksten ist, wenn man ihn nicht nur hört, sondern ihm auch dabei zuschauen kann, wie er leidenschaftlich und inbrünstig intoniert. Sogar Johann Skocek, ehemaliger Sportchef des „Standard" und selbst Hobbymusiker, der Krankl als Trainer nur mittel mag, ist von dessen Bühnenperformance angetan: „Er hat ein Temperament, das ihn auf der Bühne wirklich auszeichnet. Er ist so was von expressiv und kann aus sich heraus gehen. Das ist eine Gnade, die er hat, dass er die Menschen wirklich bezaubern kann."

Das tat er auch, und jetzt wird die Erzählweise aufgrund der Involvierung des Autors ausnahmsweise eine persönliche, als er in seiner Zeit als Salzburg-Trainer zu meiner Band stieß. Diese war gerade im Umbau begriffen und er hatte mich schon wochenlang traktiert, ich müsste ihm unbedingt den Termin des nächsten Auftritts mitteilen, denn er hatte etwas vor: „Da bau i mi ein!“ Ich tat es nicht, weil ich warten wollte, bis sich die neuen Leute eingespielt hatten, und das hielt er mir bei jedem Telefonat und jedem Treffen so lange vor, bis es im Frühjahr 1999 so weit war: Im Pitterkeller in Salzburg hatte ich ein Benefizkonzert zugesagt, und mit Krankl versprach das klarerweise ungleich lohnender für die gute Sache zu werden. Natürlich war das Lokal gerammelt voll, und das Debüt an seiner Seite war faszinierend. Man musste ihm als Frontman den Platz nicht großzügig überlassen, weil man als solcher an seiner Seite zwangsläufig zu existieren aufhört. Er greift in einer Weise Platz, die ich vorher und nachher bei keinem anderen Leadsänger erlebte – und ich hatte immerhin Ehre und Vergnügen, mit großen Künstlern wie Willi Resetarits, Schiffkowitz oder der Seer-„Sassy“ gemeinsam auf der Bühne zu singen. Doch er macht das nicht aggressiv im Sinn eines Revierstreits, im Gegenteil, er liebt das Duett und hält sich bei heiklen Passagen dankbar am Sangespartner an, ohne deshalb im Auditorium nur den geringsten Verdacht keimen zu lassen, er könnte auch nur gedanklich gerade in den Hintergrund getreten sein.

Aber man ist neben ihm irgendwie weg, weil er so da ist.

Es war damals eine reine Amateur-Band, aber das Staunen über das Ereignis Krankl war kein anderes als einige Jahre später bei den Profis, die in der Zwischenzeit in der Combo mitspielten. Jeder Musiker kennt das, dass es gelegentlich ein bisschen zäher ist, zu den Menschen im Publikum durchzudringen und den Funken zu übertragen. Krankl musste an diesem Abend und an allen, die noch folgen sollten, nur erscheinen, und die Stimmung war da. Das ist eigentlich nicht gerecht. Aber es bescherte unvergessene Auftritte: Das Abschiedskonzert nach dem letzten

Spiel im alten Lehener Stadion in Salzburg, das „Überlebenskonzert" in der Südstadt vor 2.500 Menschen, wo Krankl auf der Bühne ungefähr doppelt so viele Menschen sahen wie zuvor das Match seiner Admira, das den Klassenerhalt gesichert hatte. Oder auch ganz kleine, feine Sachen wie den „Rock-Advent" in Seekirchen.

Wobei es in erster Linie seine Auftritte abseits der Auftritte waren, die ihn liebenswert machten. Nicht nur einmal kam er zu Proben 300 Kilometer aus Wien angereist, um danach wieder 300 Kilometer heim zu fahren. In diesen Proben wurde die Beziehung des Hans Krankl zur Musik offener gelegt als bei jedem Konzert vor auch noch so vielen Leuten. Er kam immer top vorbereitet, die von ihm gewünschten Nummern waren längst vorher telefonisch durchgegeben worden, und wenn er den Raum betrat, waren alle Spielregeln, die bei Musikern für Proben gelten, außer Kraft gesetzt. Die Lieder, die am leichtesten waren, die jeder auswendig kannte und konnte, mussten fünf Mal gespielt werden, weil sie ihm so gefielen. Dass er da nicht nur mit seiner Stimme Schindluder trieb, sondern dass teilweise „Todeschöre" dabei waren, die die ihn vokal Begleitenden an den Rand des Stimmverlusts führten, nahm er nicht wahr, und es bedurfte jedes Mal forscher Worte meinerseits, das zu beenden.

> *Ich habe einen richtigen Pecker, einen großen Vogel im Kopf, dass ich nach Seekirchen proben fahre und heiser, aber glücklich wieder zurück.*
>
> *Hans Krankl*

Aber er hatte stets so einen innigen, direkt aus seinem großen Herzen kommenden Zugang zur Musik, dass man ihm auch nicht böse sein konnte, wenn er Grundregeln mit Füßen trat.

I'm not like everybody else – ich bin nicht wie jeder andere.

Krankls Traum vom Fliegen (Bild oben) wird von Sohn Johann gelebt, der die Pilotenausbildung absolvierte. Nick Heidfelds Geschoss wäre sogar dem Tempofreak Hans Krankl eine Spur zu schnell.

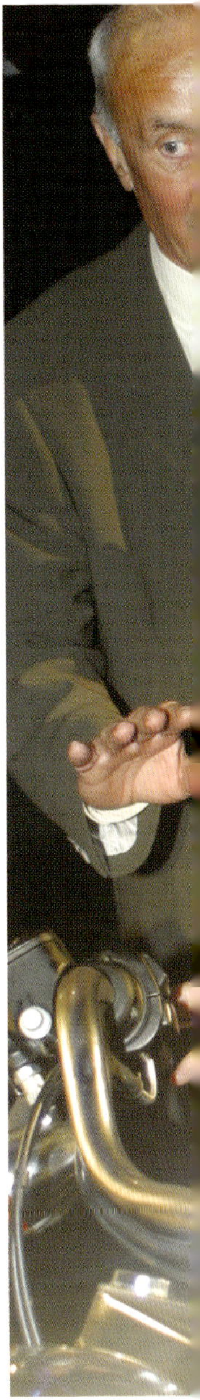

Zum 50. Geburtstag bekam Krankl von seiner Familie eine Harley Davidson geschenkt.

Der Nachtfalke on air in Radio Wien und mit Gerhard Frühling, dem er ein fix und fertiges Sendungskonzept vorgelegt hatte.

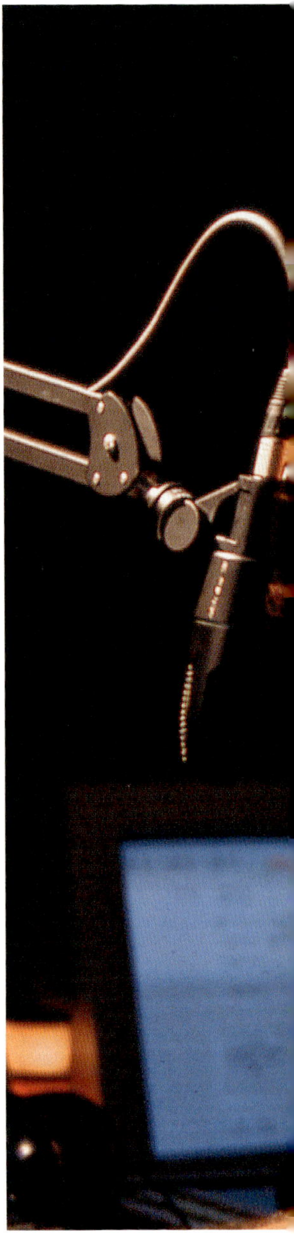

Als Radio-Moderator gab Krankl der Musik abseits des Mainstreams breiten Raum.

Vor den Austro-Poppern verneigt sich Hans Krankl. Mit Wolfgang Ambros (Bild ganz oben) hat er gemeinsam an einer Benefiz-CD gearbeitet, mit Rainhard Fendrich schon gemeinsam in der Wiener Stadthalle gesungen.

Wenn es darum geht, Kindern zu helfen, ist Hans Krankl sofort zur Stelle.
Hier präsentierte er mit jungen Sänger/inne/n eine Benefiz-Weihnachts-CD in Wien.

Nach geschafftem Klassenerhalt mit der Admira trat Hans Krankl in der Südstadt mit seiner Salzburger Begleitband beim großen „Überlebensfest" auf.

Der deklarierte „Ostbahn"-Fan Hans Krankl mit Willi Resetarits bei der CD-Präsentation seiner Band „Onkel Hans" im Moulin Rouge in Wien.

Mit dem „Doktor" zu singen, ist für Krankl immer wieder etwas Besonderes. Bei der Feier zu seinem 50. Geburtstag ergab sich diese Gelegenheit.

Der singende Hahn im Korb mit Claudia Nossylavsky (l.) und „Seer-Sassy" Holzinger

Erstes gemeinsames Konzert von Buchautor und Bandleader Gran mit Krankl 1999 im Salzburger Pitterkeller. Vier Jahre später ging es miteinander ins Studio, um „A scheena Bua" zu erschaffen.

Johann K. meets „The Kiss"

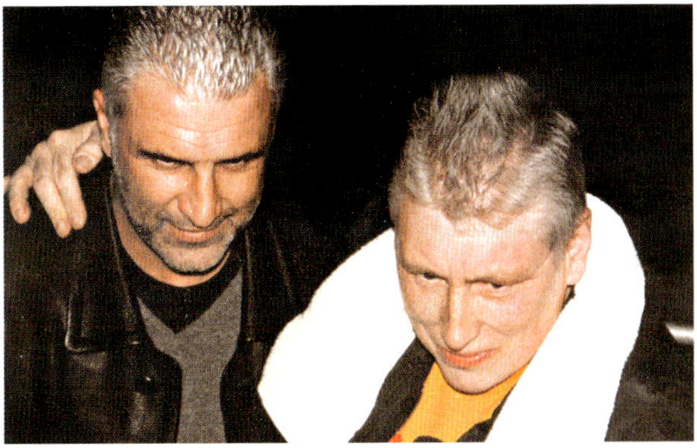

Krankl voller Ehrfurcht beim Treffen mit Chris Farlowe im Salzburger Rockhouse (oben) und als „weißer Sohn des Tigers" mit Tom Jones.

SZENE: *Fan Hans Krankl über Ray Davies, den Gründer der Kinks*

„Davies ist das Idol meiner Jugend“

VON LUDWIG HEINRICH

Goleador (links) und Storyteller Foto: Kirchner

Spätestens seit vergangenem Samstag, als er im Hanappi-Stadion zum „Rapidler des Jahrhunderts“ gekürt wurde, hat es Hans Krankl schwarz auf weiß, daß er eine Legende ist. So kam es in Salzburg zum Treffen der Legenden, denn zum Abschluß der „Szene“-Veranstaltungen stand am Wochenende ein Gastspiel von Ray Davies auf dem Programm. Und der ist kein Geringerer als der Gründer der berühmten Kinks.

Davies betätigte sich als Storyteller (Geschichtenerzähler), aber mit zahlreichen musikalischen Einlagen. Hans Krankl saß an vorderster Front und sang Hits von „Lola“ bis „Dedicated Follower Of Fashion“ äußerst textkundig mit.

„Eh klar“, so der Jahrhundert-Rapidler, „denn die ersten drei Singles und die erste LP, die ich mir je kaufte, waren Aufnahmen der Kinks. Ray Davies ist für mich der Größte. Das Idol meiner Jugend. Mein Gott. Ich liebe ihn.“

Großer Schmähführer

Beim Erzählen erwies sich der Kinks-King als Meister der Interpretation und großer Schmähführer vor dem Herrn. Ein Papier, das „zufällig“ auf ihn zuflatterte, schaute er kurz an, ehe er es zerknüllte und verächtlich kommentierte: „Eine Rechnung...“ Dann zum Publikum: „Wißt ihr, ich komme nicht aus Linz, sondern aus einer Stadt fern über dem Meer. Sie heißt London. Wir wohnten in einem hügeligen Vorort im Norden, und ich wollte immer von den Hügeln in die dunkle, mysteriöse Großstadt runtersteigen. Besonderes Interesse hatte ich am Rotlicht-Viertel. Meine Eltern waren dagegen, denn ich war erst drei Jahre alt.“

Ray, genau: Raymond Douglas, entstammt einer Großfamilie: „Ich war der einzige Bub und hatte sechs ältere Schwestern. Es war wie im Paradies. Alle hatten nur eins im Sinn: Mich zu verwöhnen. Doch eines düsteren Tages eröffnete unsere Mutter, bereits 43, sie sei erneut schwanger. Wir waren alle überrascht, am meisten unser Vater. Zur Welt kam dann ein zweiter Baby-Boy, Dave. Für mich war's vorbei mit dem Paradies.“ Dave war später natürlich Mitbegründer der Kinks.

Nach einer weiteren musikalischen Einlage wurde Ray ein Glas Guinness auf die Bühne serviert. Ein tiefer Schluck, ein kurzer Blick aufs Glas: „Das erinnert mich an einen der wichtigsten Charaktere meines Lebens, an unseren Vater. Nach dem sechsten Glas erlaubte er mir immer, ‚Dad‘ zu ihm zu sagen...“

Eine Schlüsselrolle in allen Erinnerungen nimmt der sogenannte „Front Room“ des kleinen Familien-Hauses ein. Dort passierten alle wichtigen Dinge. Hochzeits-, Geburtstags- und Trauerfeiern. Die Mädchen empfingen dort ihre Freunde. Die Buben quälten ihre Instrumente. Ray schrieb in diesem Raum den ersten Kinks-Hit „You Really Got Me“.

Dann erzählte Ray auch noch, wie Schlagzeuger Mick Avery gefunden wurde: „Mein Bruder und ich waren à la Carnaby Street gestylt, wirkten deshalb wahrscheinlich etwas feminin. Nach der ersten Session erklärte Mick, er finde unser Material gut, aber: ‚Ich bin hetero! Damit ihr nur wißt!‘ Wir beruhigten ihn und machten ihm Komplimente: ‚Du siehst aus wie Rock Hudson‘. Er nickte: ‚Das gefällt mir. Er ist sehr männlich‘. Das war, bevor sich herausstellte, daß Rock Hudson...“

Treffen der Legenden

Schließlich, nach dem Auftritt, der Moment: das Treffen der beiden Legenden in der Garderobe, Smalltalk unter vier Augen. Der Goleador nachher, als er im Vestibül noch etwa eine halbe Stunde DJ-Funktion übernahm und Kinks-Platten auflegte: „Ich hab' ihm g'sagt, daß ich 33 Jahre auf diesen Augenblick gewartet habe. Er hat's wohlwollend zur Kenntnis genommen und es vielleicht für einen Schmäh gehalten. Wia er mi als ‚international striker‘ bezeichnet hat, hab' ich wenigstens g'wußt: er kennt mi. Sonst hätt' er das Wort ‚striker‘ (Stürmer, Vollstrecker) net erwähnt. Und nachdem ich erlebt hab', wie fantastisch er ‚I'm Not Like Everybody Else‘ (Ich bin nicht wie alle anderen) interpretiert hat, hab' ich beschlossen: Diesen Song nehm' ich ab sofort in mei Repertoire. Weil i glaub': der paßt genau zu mir.“

Sehr lieb war er immer, wenn er sich ein Lied einbildete und meine Einwände ignorierte, so wie eines Tages mit „Sex-bomb" von „Tiger" Tom Jones. Ich hatte telefonisch zwei Wochen lang versucht, ihn davon zu überzeugen, dass es viele Lieder geben mochte, die er singen könnte, dass dieses jedoch sicher nicht dazuzähle. Er wischte alles mit den Worten weg: „Des hot der Tiger nur fia mi gschriebn!" Die Band studierte die Nummer widerwillig und wider besseres Wissen ein und er kam nach zweieinhalbstündiger Anreise in die Festhalle in Seekirchen, die uns der „Hofwirt" Radi Djukic für die Probe zur Verfügung gestellt hatte: „Und, habts es drauf?", fragte er. Ich knurrte ihn an: „Wir schon." Wir spielten es durch und es war noch schlimmer als ich befürchtet hatte, so schlimm, dass sogar Hans meinte: „Na, des war nix." Es war einfach unsingbar, aber er gab nicht auf, und wir quälten uns ein zweites Mal durch das Lied. Die Nuance, um die es, wie er behauptete, besser geklungen hatte als beim Erstversuch, war für niemanden mit freiem Ohr hörbar, aber Krankl meinte stolz: „Na, was sagst jetzt. Wenn jetzt der Tiger bei der Tür eina kummt, geht er zu mir und sagt: Servas, mei weißer Bua."

Hans Krankl benötigt auch in einer Band eine Vertrauensperson, die sein Ansprechpartner für alles wird. Alle anderen nimmt er wohlwollend, sehr charmant und herzlich, aber letztlich doch nur am Rande wahr. Nun sind aber Musiker in der Regel hochsensible, anerkennungsbedürftige und nicht selten sogar eitle Wesen, die schon wollen, dass auch von ihnen Notiz genommen wird. Das führte bei manchen Konzerten – schon mit der Profitruppe – zur kuriosen Situation, dass er mich, als musikalisch Mindestbemittelten, fünf Mal vorstellte und die anderen nie. Einfach weil er sich deren Namen nicht gemerkt hatte. Unter den anderen waren aber „Sassy" Holzinger, die Leadstimme der „Seer", Stefan Schubert und Klaus Kircher, die regelmäßig mit Willi Resetarits auftreten, Saxophonist Herb Berger und einige andere, vor allem auch musikalisch durchaus beachtenswerte Zeitgenossen. Aber das meint Krankl nicht böse, er kommt nur einfach nicht auf die Idee, dass die Präsentation jener, die dafür sorgen, dass er sich auf einem perfekten musikalischen „Teppich" bewegen kann, in einem Augenblick von Bedeutung sein könnte, in dem er, glühend heiß vor Emotion und Wonne, mit der Musik verschmilzt. Wobei ihm das im Fall der „Sassy" wohl nie wieder passieren wird, denn die war ihm von mir wohl vorgestellt worden und danach etliche Male mit ihm auf der Bühne gestanden, aber er hatte sie stets nur als „liabs Madl mit ana super Stimm" wahrgenommen. Bis er sie eines Tages im Fernsehen sah und wie vom Blitz getroffen registrierte, wer ihm da seit Jahren auf der Bühne stimmlich großartig zuarbeitete. Da wird sein anonymer Respekt vor allen Musikern aber dann schlagartig ein sehr persönlicher, und er erzählt schon äußerst stolz, dass er mit „der Sassy" gesungen hat.

> *Er ist ein faszinierender Mensch, der das gewisse Glitzern in den Augen hat. Auf der Bühne ist es unmöglich, sich seiner Performance, vor allem aber seinem Charme zu entziehen.*
>
> *Sabine „Sassy" Holzinger, Leadsängerin der „Seer"*

Aber die Profis haben mit Krankls Eigenheiten ohnehin kein Problem, ganz im Gegenteil. Die meisten von ihnen haben schon mit Leuten gearbeitet, die nicht halb so charmant, aber doppelt so dominant sind, oft richtig eitle Diven, wovon Krankl ja weit weg ist. Und dann spielt man halt bei der Probe zum dritten Mal die „Frieda", weil einem das Herz angesichts seiner glücklichen, funkelnden Augen auch dann noch lacht, wenn das Ohr längst um Hilfe schreit. Bei den Hobbymusikern am Anfang war aber schon der eine oder andere dabei, der diesen Zugang zum prominenten Sänger nicht fand. Wer seinen Schmäh nicht will und seine Selbstironie hinter dem Macho-Gehabe nicht zu erkennen vermag, ist leicht versucht, ihn für einen sozial unverträglichen, arroganten Egozentriker zu halten. Das stimmt zwar nicht, aber es gibt in allen Lebensbereichen Menschen, bei denen das so ankommt.

Ein Beispiel: Hans Krankl verehrt Willi Resetarits, der bei ihm aus Ostbahn-Zeiten nur kurz „der Doktor" heißt, immens. Das ist ein Musiker, vor dem er größten Respekt empfindet, vor dem er sich in Ehrfurcht verneigt. Aber wenn er sich für Auftritte oder bei denselben motivieren muss, um sein Lampenfieber zu senken, können ihn Menschen, die ihn nicht sehr gut kennen, für größenwahnsinnig halten. Mit mir entspannen sich einmal folgende zwei Dialoge in kürzestem Zeitabstand, wobei man – für die „Nicht-Kurtologen" – vorausschicken muss, dass Resetarits die Nummer „It's all over now" mit dem deutschen Titel „Ois hot sei End" gecovert hat. Für meinen Geschmack ging es bei einem Telefonat ein Haucherl zu sehr um seine gesangliche Brillanz und zu wenig um die Band, und ich wies ihn auf die exzellenten Musiker hin, mit denen er zu spielen die Ehre hatte. Worauf zur Antwort kam: „Huach, i bin da zweitbeste zeitgenössische Rhythm-&-Blues-Sänger nach dem Ostbahn Kurt, ich spiele nur mit exzellenten Bands."

Der Doktor hat das Pech, dass er in Stinatz und nicht in New Orleans auf die Welt gekommen ist. Der wäre sonst ein Weltstar und Multi-Multi-Multi-Millionär, weil er ein Sänger allererster Güte mit internationalem Niveau ist.

Hans Krankl über Willi Resetarits

Wenig später, es stand ein Konzert bevor, telefonierten wir wieder und er ließ einfließen, dass er der beste zeitgenössische, eh schon wissen, wäre. Ich warf ein: „Hans, ich hab' geglaubt, du bist der zweitbeste hinter dem Willi." Darauf er: „Ois hot sei End." Das Highlight im Zusammenhang mit Resetarits lieferte er, als wir – als Überraschung für ihn – gemeinsam mit Willi zu seinem 50. Geburtstag aufspielten. Krankl kam natürlich auf die Bühne, wir spielten ein Lied an und er raunte Resetarits zu: „Doktor, tua du nur mitsummen." Es war eine Ostbahn-Nummer.

Hans Krankl tritt nicht wegen des Geldes auf. Natürlich, wenn es nicht gerade mit beruflichen Tätigkeiten unvereinbar ist wie jetzt als Teamchef und ihn einer haben will, muss der „Knödel" schon rollen, aber das ist ja legitim. Aber grundsätzlich tut er das schlicht deswegen, weil es ihn glücklich macht. Ich möchte dazu eine Geschichte erzählen, die mir noch kaum jemand geglaubt hat, die aber in dieses Buch gehört, weil sie wahr ist und viel über den Charakter des Hans Krankl aussagt. Ich fragte ihn beim Wiener Stadthallenturnier, ob er Lust hätte, auf einer CD, die wir produzieren würden, die eine oder andere Nummer zu singen. Er versprach es mir dort als Dankeschön für die Musiker, die ihn bei den Live-Konzerten so toll unterstützt hatten, in die Hand. Er sagte auch gleich dazu, dass er kein Geld dafür wolle: „Das ist eure CD, ich mach das für meine Buam."

Keine drei Wochen später bekam er ein Angebot von einer Plattenfirma, das verlockender nicht sein konnte: Er dürfe sich seine Lieblingslieder aussuchen, bekäme die besten Musiker für die Studioarbeit und dazu einen wirklich großen Haufen Geld. Er sagte ab, weil er mir im Wort war. Für ein Projekt, das nicht seines war und für das er, auch wenn es mir bis heute kaum jemand glaubt, nicht einen einzigen Cent genommen hat.

Ich bin Rock'n'Roll-Sänger und lasse mir das von keinem verbieten. Mich interessiert nicht die Meinung von kleinkarierten Trotteln, die sagen, ein Fußballer darf nicht singen. Ich mache das, wenn ich Kindern helfen kann, oder wenn es eine Kohle zu verdienen gibt auch.

Johann K.

17

MÄNNER, MODE UND MOTOREN

Auch wenn man sich in der Haut des Biedermanns pudelwohl fühlt: Ein bisschen was Verwegenes lebt als heimliche Sehnsucht sogar im bravsten Buchhalter, also warum dann nicht auch im bravsten Teamchef? Hans Krankl ist so brav, dass er schon den Dreitagesbart als Indiz für Überwindung von Alltagszwängen und Aufbruch in die große Freiheit zelebriert. Außerdem gefällt er sich damit auch besser, denn das Glatte ist nicht einmal im eigenen Gesicht seines. Und wenn er seine Hand aufs Herz legt, wenn die Hymne erklingt, ist er nur deshalb rasiert, damit die 92-jährige Mutter daheim vorm Fernseher eine Freude mit dem Buben hat.

Hans Krankl, das ist Fußball, das ist Musik, aber auch ein

amüsantes Kapitel aus „Männer, Mode und Motoren." Er ist derart auf sein Äußeres bedacht, dass er beim Zeitungholen am Sonntag in der Früh wahrscheinlich besser angezogen ist als ein Gutteil der Menschen, wenn sie am Abend mit einer neuen Eroberung fein speisen gehen. Nicht umsonst verlieh ihm der Modeclub der Textilkaufleute im Frühjahr 2005 die Mode-Statuette, eine Auszeichnung, die vor ihm professionelle Größen des Metiers wie Karl Lagerfeld oder Helmut Lang in Empfang nahmen.

> *Die Zugabe kommt nach dem Match: Hans Krankl im Adrenalinrausch, völlig aufgelöst, mit den Nerven am Ende und nur durch seinen Helmut-Lang-Anzug daran gehindert, aus der Haut zu fahren. So etwas haben nicht einmal die Brasilianer.*
>
> *„profil" über den Style-Profi an der Seitenoutlinie*

Für Krankl hat die Außenhaut etwas damit zu tun, wie man innerlich beisammen ist: „Schön, modisch, sauber, das gehört für mich zu einem Erscheinungsbild und sagt für mich auch über den Charakter eines Menschen etwas aus. Einer, der ungeputzte Schuhe trägt, ist für mich ein schlampiger Mensch. Das bin ich nicht." Dass er auch bei der Ausübung seines Berufs als Dressman durchgehen würde, hat mit Vorbildern zu tun, die er bewunderte, als sie seine Trainer waren. Karl Schlechta, Lucien Muller und Vlatko Markovic haben Krankl in Erscheinung und Auftreten als Fußballtrainer nachhaltig geprägt: „Karl Schlechta war ein vollendeter Sir nach innen und außen und immer elegant gekleidet. Muller, mein erster und liebster Trainer bei Barcelona, war ein internationaler Schlechta, von ihm habe ich das mit dem dunklen Sakko und dem Seidenhemd. Und beim Markovic hast du geglaubt, der kommt direkt vom Laufsteg einer Modeschau in Paris."

Krankl will damit aber nicht nur sich in den Blickpunkt rücken und zeigen, dass er auch unter den schönen Buben der Allerfescheste ist, sondern es geht ihm um seinen Sport: „Fußball ist die ganze Woche Training und Schweiß, aber das Spiel ist für mich das Fest, bei dem ich meinen Sport präsentiere. Ich will ihm da noch mehr Stellenwert geben und zeigen: Schaut her, so stehen wir da. Mit meiner Kleidung drücke ich das Fest in meinem Herzen aus und möchte auch etwas aus der großen Fußballwelt in das kleine Österreich hereintragen."

Er hat schon als Rapid-Spieler seine Schuhe
immer beim Wunderl in Sollenau gekauft,
die feinsten Böcke aus Milano.
Die waren so teuer, dass du geglaubt
hast, sie gehen von allein.

Kurt Garger, früherer Mitspieler Hans Krankls

Dazu gehört, dass sich das modisch perfekte Erscheinungsbild nicht auf ihn beschränkt: „So lange ich Teamchef bin, fährt die Mannschaft geschlossen mit Hemd, Sakko und Krawatte zu Spielen, weil wir sind ja keine Fetzentruppe, sondern das österreichische Nationalteam. Darauf bestehe ich, das ist kein Wollen meinerseits, sondern eine Dienstorder." Und so kommt es immer wieder vor, dass der Boss aus dem Krawattenbinden nicht heraus kommt, weil einige Spieler das nicht können. Dann legt der Teamchef selbst Hand an, damit seine Burschen entsprechend aussehen. Gelernt hat er auch das in Spanien: „Ich habe einmal Günter Netzer als Real-Spieler getroffen, als wir mit Rapid in Spanien waren. Wir hatten Leiberln an, er stand bei brütender Hitze im Sakko und mit Krawatte da, hatte nicht einmal den obersten Hemdknopf offen. Ich fragte, warum er das Zeug nicht auszieht und er sagte: Das dürfen wir nicht."

Sein ehemaliger Pressesprecher Wolfgang Eichler erzählt eine Begebenheit vor dem Russland-Länderspiel in Graz, die dokumentiert, wie sehr Krankl auch darauf bedacht ist, dass in seiner Umgebung alle herzeigbar sind: „Wir waren in Bad Tatzmannsdorf kaserniert, es war unerträglich heiß und nur noch wenig Zeit bis zur Abfahrt nach Graz. Er stoppte mich und meinte: »Du stinkst, zieh dich um.« Ich sagte: »Keine Zeit mehr.« Da befahl er mich in sein Zimmer, schickte mich unter die Dusche, ließ zwei Kaffee herauf bringen, schenkte mir ein Hemd und eine Krawatte, die er mir auch noch band und strahlte mich an: »Siehst du, jetzt schaust du wieder aus wie ein richtiger Pressechef.«"

Er verzeiht dir einen verschossenen Elfmeter eher, als wenn du Socken anhast, die nicht zu Schuhen und Hose passen.

Franz Leberbauer, Krankls Assistenztrainer

Sein Trainerassistent Franz Leberbauer hatte am Ende der Tiroler Trainerzeit mehr Sakkos im Kasten hängen als die meisten Menschen Unterwäsche besitzen: „Ich musste vor jedem Spiel ein neues Hemd, eine neue Krawatte und ein neues Sakko haben, das war ihm wichtig." „Krone"-Redakteur Hannes Kravagna wird den Ischia-Aufenthalt während der Fußball-WM 1990 nicht nur wegen der Hemingway-Geschichte nicht vergessen, sondern auch, weil er noch nie in seinem Leben für ein T-Shirt so viel Geld ausgeben musste: „Eines Tages hat der Hans befunden, so kann ich nicht herumlaufen, er geht mit mir jetzt einkaufen. Er suchte ein grünes Valentino-Leiberl aus, das mir zwar überhaupt nicht gefiel, was für ihn aber nur ein weiteres Indiz war, dass ich mich in Modefragen nicht auskenne. Ich blätterte 180 Euro dafür hin. Daheim habe ich einmal ein bisschen mehr gegessen und konnte es nie wieder anziehen."

Manche interpretieren all das als Spleen, aber sein Kollege Werner Gregoritsch kann dem Modebewusstsein Krankls durchaus etwas abgewinnen: „Er ist, was in der heutigen Zeit sehr wichtig ist, ein Feschak, ein guter Typ, der sehr viel Wert auf seine Kleidung legt. Es spricht viele Menschen an, wenn man sieht, wie er ausschaut, weil er einfach wirkt. Wenn die Tür aufgeht und er kommt herein, ist eines klar: Du schaust hin. Und zwar auch, wenn du ihn nicht kennst, weil so wie er auftritt, sieht man: Das ist einer, der hat etwas zusammengebracht in seinem Leben."

Gott sei Dank habe ich nur eine Frau und tausche die Autos. Andere tauschen die Frauen und fahren mit einem Auto 20 Jahre. Also entweder haben die ein Fehlverhalten oder ich.

Auto-Freak Hans Krankl

Was er unter anderem zusammengebracht hat, ist eine Anzahl an bisher besessenen Autos, die er sich nicht zu nennen traut. Wenn Krankl von sich behauptet, er sei „ein bisserl ein Autofreak", ist das ungefähr so, als hätte einst in Venedig Giacomo Casanova „ein bisserl ein Interesse" am weiblichen Geschlecht zugegeben. Nicht umsonst fühlte sich Krankl schon als Mechanikerlehrling bei der Firma Hinteregger im Paradies angekommen, als sein erster Auftrag lautete, ein Auto abzuholen, einen Ford 12 m. Und seine Augen beginnen zu funkeln, als erzählte er von seiner ersten großen Liebe, wenn er den Cortina GT 1967 beschreibt, sein erstes Auto: „Mein Gott, das war das schönste Auto der Welt, nicht ein Porsche oder ein Ferrari. Wenn ich den heute nur hätte."

„Kurier"-Redakteur Wolfgang Winheim erinnert sich an ein

Testspiel der Nationalmannschaft in St. Pölten, für das der damalige Teamchef Leopold Stastny auch den Jungspund Krankl nachnominiert hatte: „Es waren 4.000 Leute da, aber das Auffälligste an diesem Nachmittag waren nicht die vielen Tore der Nationalspieler, sondern es war ein gelber Sportwagen, der direkt hinter dem einen Tor geparkt war." Es war das Gefährt von Hans Krankl. Flotte Flitzer hatten es dem Stürmer einfach angetan, und Winheim muss noch heute schmunzeln, wenn er an eine Geschichte aus dem Mai 1978 denkt. Österreichs Nationalteam bestritt in Salzburg das letzte Testspiel vor der WM gegen den deutschen Bundesligisten Hertha BSC – an jenem Tag übrigens, an dem in Barcelona der Elsässer Lucien Muller Nachfolger von Rinus Michels wurde. Österreich gewann 2:0, aber die Teamkicker, allen voran Krankl, wollten an diesem Tag noch ein anderes „Match" gewinnen.

Der „Kurier"-Sportredakteur betätigte sich für die Motorredaktion auch als Autotester und war mit einem schnittigen BMW nach Salzburg angereist: „Privat hätte ich mir dieses Geschoß nie leisten können, es war wirklich ein beeindruckender Wagen. Schon in der Halbzeitpause kamen die ersten Spieler, um zu fragen, ob sie statt mit dem Bus mit mir zurück nach Wien fahren könnten", erinnert sich Winheim. Im Endeffekt machten Hans Krankl, Herbert Prohaska und Hans Pirkner das Rennen um ein Platzerl im Boliden. Man muss sich das einmal vorstellen: Drei Tage vor dem Abflug zur ersten WM für Österreich seit 20 Jahren setzten sich drei Nationalspieler gegen den Teamchef durch und sausten in einem Privatauto 300 Kilometer auf der Westautobahn dahin: „Natürlich saß der Krankl am Steuer, das war nicht zu verhindern. Ich wurde aber nicht deshalb nervös, weil er bis zu 240 km/h schnell fuhr, sondern weil der Pirkner Hansi, der hinten in der Mitte saß, immer mit dem Fuß circa bei Tempo 200 den Gang rausgestoßen hat. Meine Sorge war, dass ich den Wagen, der ja doch ein bisserl was wert war, gleich mit Getriebeschaden wieder zurück geben müsste", schmunzelt Winheim noch heute.

Und jetzt sind wir da, dass auch im Bravsten das Teufelchen sitzt. Denn einerseits geht Hans Krankl, wie sein Freund Peter Barthold sagt, bei Rot über keine Kreuzung. Aber wenn er die Pferdchen unter der Motorhaube wiehern hört, wird die Autobahn zur Prärie und die Straßenverkehrsordnung zur vernachlässigbaren Größe. Als er seinen Porsche noch hatte, fuhr er mit Franz Hasil einmal zur Geburtstagsfeier von Ex-Salzburg-Präsident Rudolf Quehenberger. Es sei nur verraten, dass die Höchstgeschwindigkeit mit dem BMW von 1978 diese Fahrt als Rekord nicht überlebte und Krankls Temporausch Hasil zur Androhung veranlasste, die Heimreise mit der Eisenbahn anzutreten.

Es soll mir bei den Autos bitte keiner mit Status- oder Sexsymbol kommen. Ich bin bei Barcelona mit einem 2 CV ins Training gefahren und bei Rapid mit einem Puch 600. Der hat mir gleich gut gefallen wie ein Porsche. Außerdem konnte ich mit dem alle rechts überholen und war schneller zu Hause.

Hans Krankl

Aber inzwischen ist er als über 50-Jähriger und in seiner Vorzeigefunktion als Teamchef nicht mehr das wilde Rennpferd von früher, sondern deutlich zahmer geworden. Auf seiner Harley Davidson, die ihm seine Familie zum 50. Geburtstag geschenkt hat, lernte er nämlich Fahrgenuss ohne Geschwindigkeitsrausch kennen: „Ich bin mit der noch nie schneller als 100 km/h gefahren, und die weiteste Strecke waren einmal 45 Kilometer von mir daheim nach Groß Enzersdorf – und dafür habe ich eine Stunde gebraucht." Als Wilder auf der Maschin' geht er auch mit Dreitagesbart nicht durch, aber das wäre erstens nicht Harley-Feeling und zweitens nicht dem entsprechend, warum sich Krankl mit über 50 noch einmal aufs Motorrad schwang.

Für ihn ist das mehr Kult-Erlebnis und er bringt es mit seinem schmucken Zweirad zuwege, die Pedanterie, die er bei Pflege und Wartung seiner diversen Autos an den Tag legt, noch deutlich zu toppen. Er deckt seine Harley ab und putzt sie, bis sie glänzt, dann fährt er eine halbe Stunde, putzt sie wieder, deckt sie zu, und wenn er sie das nächste Mal abdeckt, wird vor der Ausfahrt wieder geputzt: „Dieses Motorrad zu reinigen und es anzuschauen, ist fast so schön wie damit zu fahren."

Ich möchte ein echter Biker sein, aber ich bin keiner, weil sonst würde ich von Wien nach Jesolo auf der Kanalstraße fahren, aber dazu bin ich zu wenig hart, zu schwach, zu müde oder zu bequem.

Leider-Nein-Biker Hans Krankl

Wie stark die Beziehung zu Motoren schon von Jugendtagen an war, zeigt sich anhand einer kleinen Geschichte: Bevor ihm sein Vater zum 16. Geburtstag ein Moped kaufte, flehte Hans Krankl einen Freund an, mit dessen Zweirad eine Runde drehen zu dürfen, aber der wollte etwas dafür haben. So opferte der Bursche, der seine Schallplatten wie seinen Augapfel hütete, für eine einzige Fahrt vom vierten in den sechsten Bezirk eine seiner kostbaren, geliebten Singles: „With a girl like you" von den Troggs.

18

EINE EHRENWERTE FAMILIE

Ein bisschen ist es wohl wie mit dem Fußball. Heute werden Systeme in den Status heiliger Kühe erhoben, aber im Endeffekt lebt erfolgreicher Fußball von denselben Banalitäten wie vor hundert Jahren. Derjenige, der die Spieler hat, die am besten passen, stoppen, dribbeln und schießen können, wird auf Dauer am erfolgreichsten sein – ob mit einem 3-5-2, einem 4-4-2, oder einem 4-3-3. Und im Privatleben wird der auf Dauer den größten Erfolg haben, der die beste Grundausstattung für eine stabile Beziehung mitbringt, der ein unerschütterliches Wertesystem für das Angestrebte hat, an dem sämtliche zeitgeistige Flausen abprallen.

Hans Krankl wollte ein großer Fußballer werden und wurde

das auch, weil er schneller laufen, besser dribbeln, köpfeln und schießen konnte als viele seiner Zeit. Und Hans Krankl wollte ein treuer Ehemann und fürsorglicher Familienvater werden und wurde das auch, weil er die von ihm erstrebte Form des Privatlebens auf dem dafür notwendigen Fundament errichtet hat: „Die altmodischen Attribute wie Treue, Stolz, Ehre, Charakter, Kameradschaft oder Freundschaft haben bei mir einen hohen Wert." Hans und Inge Krankl werden bald 32 Jahre verheiratet sein, und an keinem einzigen dieser 11.688 Tage war diese Beziehung in Frage gestellt. Zwei blutjunge Menschen hatten sich füreinander entschieden, und nach mehr als drei Jahrzehnten sind die beiden, wie die Ehefrau sagt, „irgendwie ineinander verwachsen."

Inge ist die beste Frau, die es gibt, die beste Mutter,
der beste Freund und die beste Geliebte –
warum hätte ich mich jemals um eine
Freundin umschauen sollen?

Hans Krankl über seine Ehefrau

Es ist natürlich, gibt auch Hans Krankl zu, „ein ganz großes Glück, das mich auch mit der nötigen Demut erfüllt, wenn man in so jungen Jahren zusammengeht und es sich bestätigt, dass man füreinander geschaffen ist." Das Privatleben der Familie Krankl war für die Öffentlichkeit stets tabu, der „Padre Padrone" schirmte seine Mikrozelle auch zur Freude seiner Frau komplett ab: „Ich lebe ganz normal – und Gott sei Dank kennen mich nicht viele Leute. Das ist angenehm." Auch bei den Recherchen zu diesem Kapitel des Buches merkte man, dass keiner der Beteiligten große Erfahrung damit hat, über diesen Intimbereich zu sprechen – auch nicht das wort- und mediengewandte Familienoberhaupt. Deshalb kam aber wohl auch, was gesagt wurde,

Hans Krankl und Terrier Stevie: „Gäbe es einen Jack-Russell-Terrier namens Jack, der mir auf Wimpernschlag gehorcht und nicht stinkt, würde ich ihn mir zulegen."

Die schwersten Stunden im Leben eines Glückspilzes: In der „Clinica Corachan" in Barcelona bangte Krankl um das Leben seiner Frau (Bilder ganz oben). Mit Klein-Sandra (links oben) als Jungfamilie, die Kinder Maria, Sandra und Johann (rechts oben) sowie Hans mit Ehefrau Inge beim Abbusseln im feinen Tuch.

Hans Krankl auf Kriegspfad macht keine Gefangenen.

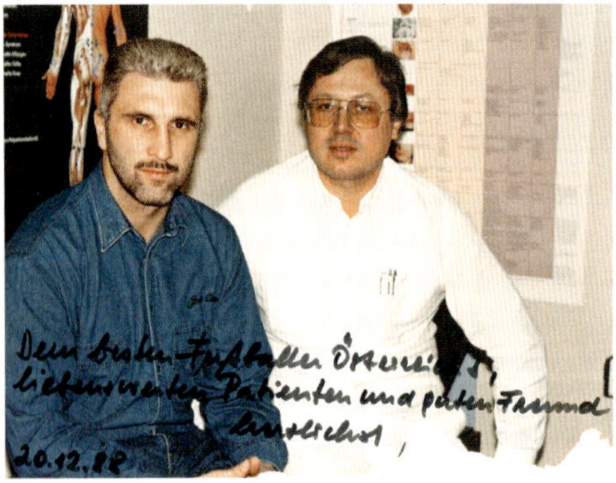

Krankl als Schwimmer mit Peter Pacult und Karl Brauneder, mit Placido Domingo und Rapid-Doc Lugscheider.

Zwei große Spaßvögel vor dem Herrn: Herbert Prohaska und Hans Krankl

Drei ganz Große des österreichischen Sports: Ski-Legende Karl Schranz, Ausnahmefußballer Franz Hasil und Goleador Krankl (ganz oben). Fachsimpeln mit Kollegen: Krankl mit Otto Baric und Josef Hickersberger.

Ausnahmetorjäger unter sich. Toni Polster sagt: „Hans Krankl war der Beste!"

New York Police Department auf der Stirn: Hans Krankl steht auf die Cops.

Ehrenwerte Familie: Inge und Hans Krankl mit den Kindern Sandra, Johann und Maria

Mit Ehefrau und Mutter bei der Ehrung durch die Republik Österreich (oben), mit Inge Krankl als fesches Paar in der Öffentlichkeit.

Der musikalische Nistplatz des Nachtfalken: Hans als Herr der Tausenden CDs

Weihnachtsidylle im Kreis der Familie und als „Padrone" und Wächter über das Glück seiner Töchter Sandra (oben) und Maria (links).

Johann und Johann im Kampf um das „Eierlaberl“

Johann Krankl senior mit stolzem Blick auf Enkel Johann (oben). Das Dreimäderlhaus des Familien-Capos: Inge, Sandra und Maria.

Für den Fußball kann man gar nicht genug tun. Darum sponsern wir das Nationalteam und den Nachwuchs. Auch in Hinblick auf die EM 2008.

Raiffeisen
Meine Bank

sehr natürlich und wahrhaftig, auch Hans Krankls scheues Geständnis:

„Ein paar werden sagen, ja ist der deppert geworden oder haben die zu viel gesoffen, als sie in Jesolo geredet haben, und ich komme mir fast blöd vor, aber es ist so viel Wahrheit dabei: Ich bin nach 32 Jahren noch immer verliebt in meine Frau. Das ist das schönste Gefühl, das es gibt und das größte Lob, das man einem Lebenspartner aussprechen kann." Was ist so eine herzige Liebeserklärung in einem stillen Eck am Strand von Jesolo für ein wohltuender Kontrast zu Pseudo-Prominenten, die sich den ganzen Tag beim Absondern von Schwachsinnigkeiten filmen lassen!

Wenn man Hans Krankl so nahe kommt, dass man ihn im Kreis seiner Familie und Freunde erlebt, lösen sich nicht nur die Vorurteile vom sozial unverträglichen Egozentriker in Luft auf, man muss ihn dann einfach mögen. Da bleibt vom rhetorischen Rambo nur ein kuschelweicher Bussibär übrig, vom rastlosen Rächer ein in sich ruhender Genießer großen Glücks. Dann wird klar: Die Familie ist der Quell aller Kraft, die in Hans Krankl ist.

Ich schätze ihn, weil er nichts über die Familie
kommen lässt und uns fünf immer zusammenhält.
Das ist sein Hauptaugenmerk,
dafür lebt er eigentlich.

Johann Krankl junior über seinen Vater

Wenn es außer der großen Liebe ein Geheimnis für die verschworene Lebensgemeinschaft gibt, ist es wohl auch die Natürlichkeit und die unabgehobene Art dieses Paares, dem Leben zu begegnen: „Unsere Welt ist die vom kleinen Straßenbahnerbuben und dem Mädel aus dem vierten Bezirk. Wir wollen Stil und Qualität schon auch zeigen, aber nicht auf Neureich mit Gold und Geschmeide. Die echte Qualität kann man sich nicht erkaufen, und darauf sind die Inge und ich sehr stolz."

Diese Lebensbotschaft haben sie auch ihren Kindern Sandra, Johann und Maria mit auf den Weg gegeben: „Wehe, einer von uns hätte jemals irgendwelche größenwahnsinnigen Vorstellungen gehabt, da hätte er gesagt, nein, da bleiben wir schön auf dem Boden", sagt Sohn Johann. Sandra Krankl bestätigt: „Wichtig waren ihm immer eine abgeschlossene Schulbildung, ein gutes Benehmen, Ordentlichkeit, Dankbarkeit und Bescheidenheit." Dominant ist einer mit Hans Krankls Persönlichkeit selbstverständlich auch in der Familie, aber wenn es kriselt, kann er, man lese und staune, zum Super-Diplomaten werden. Der Sturschädel wird nahezu völlig eingezogen, wenn es um das übergeordnete Interesse des Familienzusammenhalts geht. Maria, die Jüngste, erklärt das so: „Unser Zusammenhalt geht ihm über alles, das hatte auch, egal, was im Sport gerade passiert ist, immer die absolute Priorität."

> *Der Torjäger in der Familie hat sich gezeigt,*
> *indem ich großartig gezielt und drei Kinder habe,*
> *drei wunderbare Kinder, die anständig,*
> *gescheit, fesch und groß geworden sind*
> *und auf die ich stolz bin.*
>
> *Hans Krankl*

Der, der auf dem Feld alles selber und allein machen wollte, ist er in der Familie nur mit Einschränkungen. Er ist ein Patriarch, der in vielen Bereichen seinen Kopf durchsetzen will, aber den Kindern redet er in ihre Leben nicht drein: „Sie sind so erzogen, dass sie sich alles selbst erarbeiten mussten, ich habe nie eines protegiert, auch den Johann beim Kicken nicht. Ich habe auch den Mädchen nie gesagt, der Freund ja, der nicht, wache aber trotzdem über allem, wie es sich gehört. Wenn sie einen Rat wollen, können sie immer kommen, wenn nicht, ist das auch okay."

Wichtig sind dem Vater auch die mit den erwachsenen Kindern lieb gewonnenen Regelmäßigkeiten: Zum sonntägigen Schnitzel mit Reis und Kartoffelsalat sind fast immer alle versammelt, Weihnachten im Kreis der Familie ist Hans Krankl heilig: „Kein Kind hat sich jemals getraut und wird sich jemals trauen, zu Weihnachten nicht nach Hause zu kommen. Das sind Rituale, die man als alter Patriarch schafft, und auf die bin ich stolz."

Seinen großen Familiensinn hat Hans Krankl aus dem bezogen, was er im Elternhaus erlebte und auch aus dem, was ihm dort fehlte. Einerseits war da vor allem Johann Krankl senior, der seinen Sohn abgöttisch liebte und ihm auch entsprechende Gene vererbte: „Die Kinderliebe habe ich sicher vom Vater. Der hat alle Kinder niedergeschmust, am meisten mich als Kleiner, meine Kinder, die Frau Krankl wollte er niederschmusen und nebenbei hat er alle Leute, die er gern gehabt hat, niedergeschmust."

Wer hat denn ein Kind nicht gern?
Wenn ich höre, dass einer Kinder nicht gern hat,
das ist ja schrecklich, der gehört ja deportiert.

Hans Krankl

Dass das mit der Vererbung wunderbar geklappt hat, bestätigt auch Sohn Johann: „Wenn irgendwer kommt mit einem kleinen Kind, aus dem Verwandten- oder Freundeskreis, schnappt sich der Vater gleich das Kind." Als Krankl in Barcelona spielte, durfte er fast nach Belieben auch über das Anwesen von Vizepräsident Joan Gaspart verfügen und fuhr immer wieder gern mit seinen Kindern dort hin. Auch die von Gaspart waren oft dort, und die erlebten mit dem verschmusten Onkel aus Austria Dinge, die sie nie mehr vergaßen, sie verliebten sich regelrecht in ihn, der mit ihnen spielte, wie das bis dahin noch kein Erwachsener getan hatte. Als Krankl 1999 zur 100-Jahre-Feier des FC Barcelona eingeladen war, traf er einen der Söhne Gasparts, inzwischen 25 Jahre alt geworden: „Der fiel mir um den Hals, drückte und umarmte mich. Er hatte diese Stunden aus der Kindheit nicht vergessen."

Was ihm als Kind zu Hause gefehlt hatte, waren Geschwister: „Ich wünschte mir immer den großen Bruder, der mich beschützt, den Bud Spencer, der drein fährt, wenn mich einer hauen will." Als er später seine Inge kennen lernte, die aus einer Großfamilie mit sechs Geschwistern kam, genoss er den neuen Familienanschluss sehr.

Eheliche Treue war für Hans Krankl nie eine Frage der Disziplin. Er musste sich nichts versagen, weil er keine diesbezüglichen Ambitionen verspürte: „Ich könnte alle beim Namen nennen, die sich beim Mannschaftsbus von ihren Frauen verabschiedet haben und 200 Kilometer weiter andere Menschen waren und hinter jedem Rockzipfel her. Als ob das eine Leistung wäre, eine Kellnerin zu übernehmen. Das waren Jäger, aber das war ich nicht, das bin ich nicht, so etwas hat mich nie interessiert als Jagdtrophäe." Helmut Legenstein, Zeugwart des Nationalteams, erinnert sich an seine ersten Begegnungen mit Jung-Nationalspieler Krankl: „Er kam zum Team, stellte die Bilder seiner Familie aufs Nachtkasterl und zog sich in sein Zimmer zurück."

Im Fußball gibt es immer attraktive Frauen und Situationen, die verfänglich werden könnten. Der Hans ist da absolut immun.

Nikolaus Neururer, ehemaliger Journalist und Sportdirektor

Krankl hat und lebt seine Vorstellung von Zweisamkeit, ist aber kein Wanderprediger und kann damit umgehen, dass andere Menschen anders leben wollen. Sein Freund und Zimmerkollege bei Barcelona, der Holländer Johan Neeskens, war kein Kind von Traurigkeit, ein Freund langer Nächte und wohl auch kein Feind der Verlockungen, die diese zu bieten hatten. Krankl mochte den Holländer trotzdem sehr gern, in seinen engeren Freundeskreis wäre er mit diesem Lebenswandel aber nicht gekommen. Da ist für Krankl schon Voraussetzung, dass einer kein Hallodri ist, sondern ihm in wichtigen Lebensbereichen wesensverwandt. Kabarettist Lukas Resetarits beantwortete in einem Interview mit der Wiener Stadtzeitung „Falter" die Frage, ob es möglich sei, mit einem Egomanen wie Krankl überhaupt befreundet zu sein, so: „Er ist egomanisch, aber dahinter, glaube ich, recht weich. Ich glaub, was er an mir schätzt, ist die Familie. Das ist für ihn ein wirkliches Kriterium dafür, ob er Leute mag oder nicht."

Wenn er merken würde, dass es in meiner Ehe kriselt, ginge er auf Distanz, weil er nichts mehr hasst als Unfrieden in der Familie.

Jürgen Helmich, Krankl-Freund und Nachbar in Jesolo

Hans Krankl will die Familie auch so oft es geht um sich haben, und wenn das nicht möglich ist, schafft er sich familienähnliche Strukturen. Menschen, die ihn nicht so gut kennen, bezeichnen das als „Gefolge" und „Hofstaat", in Wahrheit tut er nichts anderes, als eine Atmosphäre der Vertrautheit zu erzeugen, die er braucht wie kein zweiter in diesem Geschäft, um gut arbeiten zu können. Da geht es nicht darum, Leute um sich zu scharen, die bewundernd zu ihm aufblicken, sondern nur um Geborgenheit.

Denn nichts ist ineffizienter als Krankl in der Unwucht. Wenn er nicht rund läuft, läuft auch sonst nicht mehr viel. Das sind Momente, in denen seine Frau aus dem vermeintlichen Schatten tritt: „Sie mischt sich nie in etwas ein, aber wenn sie spürt, da passiert jetzt etwas, das nicht gut für mich ist, greift sie ein." Wobei das keine Gewähr dafür ist, dass ihre Intervention auch zum gewünschten Ziel führt, aber der Herr Hans weiß dann, dass etwas zu tun wäre: „Sie hilft in dem Moment, in dem ich ihre Hilfe brauche. Ob ich sie annehme oder nicht, ist gar nicht mehr so wichtig."

Inge Krankls Rolle als graue Eminenz im Reich des Patriarchen wird zunehmend bedeutender, denn der Ehemann kann sich auf sie nicht nur als Lebenspartnerin am meisten verlassen: „Ich frage sie oft um ganz banale Dinge und komme immer mehr drauf, dass das Gefühl einer Frau, die gar nichts mit dem Thema zu tun hat und keinen der Beteiligten kennt, oft so klassisch gut und so gescheit ist." Vielleicht sollte er auch auf ein paar Sachen hören, die sie ihm ungefragt rät: „Ich sage immer zu ihm, er soll nicht so impulsiv sein, egal ob beruflich oder privat, ich sage, überleg doch einmal vorher, was du sagst. Aber das tut er nicht."

In manchen Fällen möchte man das Impulsive nicht missen, zum Beispiel, wenn Hans Krankl seinem Wunsch, Großvater zu werden, unnachahmlich und spontan Ausdruck verleiht:

„Jetzt warte ich auf Enkeln, da tut sich noch nichts. Was kann ein Enkel wissen, der noch nicht geboren ist, was für ein Großvater und für eine Großmutter ihn erwarten. Wenn das der Enkel wüsste, wäre er schon in diese Welt gesprungen."

19

I'M NOT LIKE EVERYBODY ELSE

So kompliziert und vielschichtig das Leben an sich ist, manche Dinge erscheinen einfach: „Für mich ist das so: Entweder du bist für mich oder gegen mich. Wo sollst du sonst sein? Gibt es ein Dazwischen?" Sagt Hans Krankl, der Zeit seines Lebens glauben musste, dass es das wirklich nicht gibt: Er war mit sechs Toren der Held beim 9:0-Sieg Österreichs gegen Malta in Salzburg, er berührte genau acht Mal den Ball, und zwar immer beim Ankick, als Rot-Weiß-Rot in Wembley gegen England mit 0:7 unterging. Er triumphierte mit Barcelona im Europacup-Finale von Basel gegen Düsseldorf, er schlich nach einer Cupfinal-Blamage gegen Stockerau aus Hütteldorf. Er wurde bei der WM in Argentinien gegen Deutschland zum Nationalhelden, vier Jahre später schimpfte ihn und seine Kollegen wegen der Schande von Gijon ganz Österreich. Er ist einer der größten Egomanen des Landes und gleichzeitig einer der fürsorglichsten Familienväter. Er ist ein Mensch, der Harmonie sucht und keinen Wickel auslässt. Er ist ein Pendler zwischen Euphorie und Depression, ein stringenter Marschierer auf dem Pfad traditioneller Werte, aber auch ein Irrläufer im Kaleidoskop seiner Emotionen. Er ist, wie sein Musik-Gott Ray Davies singt, „not like everybody else" – nicht wie jeder andere.

So wie Hans Krankl in der Außenwirkung polarisiert, so tut er das auch tief drinnen in und für sich selbst. Durch ihn nahm das Prinzip Entweder-Oder Menschengestalt an. Die Positionierung ersetzt den Diskurs, man stellt nicht infrage, sondern bezieht Stellung. Das hat er so gelernt, das hat er so gelebt von Anfang an.

Ich hatte manchmal den Eindruck, dass sich
ein Mensch, der von Jugend an wie eine Art Messias
behandelt wird, so entwickelt, dass er nicht
sehr stark den Diskurs sucht, sondern eher davon
ausgeht, dass er ohnehin Recht hat.
Aber das passt gut zu der Ehrlichkeit, mit der er
eine Meinung vertritt, mit der er möglicherweise knapp
daneben liegt, die er sich aber nicht ausreden lässt.

Musiker Willi Resetarits über Hans Krankl

„Er hat sich ein Ziel eingebildet, und er ist keine Umwege gegangen in seinem Leben. Andere haben immer das Leichte gesucht, er nicht. So wie er seine Tore gemacht hat, hat er auch im Leben immer das Direkte gesucht und sich dabei vor keinem gefürchtet", sagt sein Jugendfreund Günter Leber. Das hört sich alles sehr nach einem knallharten Hund an, aber damit liegt man bei Hans Krankl völlig falsch. Dass er derart leidenschaftlich kämpfen kann, liegt nur daran, dass er verwundbar ist. Der laute, polternde, konfliktfreudige Krankl ist die Schutzhülle für den weichen, harmoniebedürftigen Kern, den Johann. Man könnte auch sagen, der Krankl ist der Botschafter des Hans in der Außenwelt, und der hat sicher nie im diplomatischen Corps gedient. Folgerichtig handelt der Krankl nach außen auch nicht immer im Auftrag oder zum Wohle von innen, sondern riskiert auch einmal etwas auf eigene Faust. So wird die Schutzhülle durchlässig, und es passiert, dass einer dem Krankl einen Spitz gibt, der den Hans trifft – tief drinnen in seiner Ehre, seinem Stolz und seinem Selbstwert. Aber das kommt davon, wenn einer, der im Innersten mehr Steve Martin als Bruce Willis ist, dauernd in Actionfilmen spielen will.

Er hatte als Spieler zu wenig Brüche und Verwundungen, die einen auch als Mensch weiter bringen. Die eigenen Erfahrungswerte waren bei ihm lange nur ein Segment des wirklichen Lebens.

Hubert Winklbauer, „Tiroler Tageszeitung"

Es gab eine Zeit, da kam Hans Krankl mit seinem Sturschädel durch jede Wand, weil ihm sein Ausnahmekönnen als Spieler ein Leben nach eigenen Regeln zu gestatten schien. Und irgendwie hatte er es von seinem langjährigen Wirken als Klassestürmer verinnerlicht, dass man am ehesten gewinnt, wenn man dem anderen zuerst einmal das Ding in den Kasten setzt, ihn dann kommen lässt und im Konter wieder zuschlägt. Aber Hans Krankl hatte bald begriffen, dass zwar im Fußball als Konzentrat vieles vorkommt, das auch im Leben passiert, dass man dieses aber nie und nimmer nach den Regeln des Fußballs bestreiten kann. Das wäre ihm auch gar nie gelegen, denn wenn man sich das

Wesen seines Charakters ansieht, steht das nahezu in völligem Widerspruch zu dem, womit er so lange sein Geld verdient hat: Ein kalter, gnadenloser Vollstrecker zu sein, der den Gegner erlegen will.

Wenn Hans jemanden mag, hat er den Mut, auf den Krankl als Schutzmantel zu verzichten und setzt sich der Gefahr aus, enttäuscht und gekränkt zu werden. Aber dorthin vorzudringen, ist keine leichte Sache: „Er ist im Innersten ein ganz lieber Kerl, aber man muss zu ihm hinkommen, und da muss man schon ein Künstler sein", sagt Hans-Werner Weiss, sein ehemaliger Präsident bei Mödling und Admira. Und man muss ihn so gut kennen, dass man nichts Unmögliches von ihm verlangt: „Wenn man sein Freund ist, muss man derjenige sein, der diplomatisch ist. Er kann diesen Part auch in so einer Beziehung nicht bringen, aber er weiß genau, wo die Grenzen sind, und wenn man etwas nicht will, kann man ihm das über einen Weg beibringen, wo er nicht beleidigt ist", sagt Peter Barthold, Krankls Freund seit Rapid-Jugendtagen.

Er ordnet dir in seinem Umfeld einen Platz zu,
du hörst mit deinem Namen zu existieren auf und
bekommst einen Spitznamen – und das ist irgendwie
die Aufnahme in den inneren Kreis.

Wolfgang Eichler, ehemaliger Pressesprecher im ÖFB

Die Aufnahme in den Freundeskreis erfolgt bei Krankl nie gewöhnlich, sie ist immer mit einem gewissen Ritual verbunden. Als er in Salzburg sah, dass er in Klubsekretär Rudolf Mirtl einen der denkbar loyalsten Mitarbeiter gefunden hatte und sich die Beziehung auch privat zu entwickeln begann, zog er ihn eines Tages zur Seite: „Ich sage dir: Ich habe zwölf Freunde. Du bist jetzt mein 13." Und seinen früheren Pressesprecher Wolfgang Eichler bat er, nachdem dieser gerade zwei Wochen im Dienst war, um eine Unterredung: „Er kam in mein Büro, brachte mir einen Kaffee, was normalerweise meine Aufgabe war, schloss die Türen, und ich war in dem Moment sicher: Jetzt haut er mich raus. Er schaute mir tief in die Augen und fragte ganz leise: Darf ich Eisbär zu dir sagen?" Tommy Vitera, sein Redakteur bei Radio Wien, mutierte, als das Verhältnis des Nachtfalken zu seinem journalistischen Betreuer ein freundschaftliches wurde, zum „Falkner."

Wenn einen Hans Krankl zu mögen beginnt, fängt er auch an, sich auf mitunter skurrile Art einzumischen, wenn er meint, dass er einem Gutes tun muss. Seinen Freund und Jesolo-Nachbarn Jürgen Helmich machte er als über 60-Jährigen zum täglichen Morgen-Jogger. Auch Salzburg-Sekretär Mirtl, der auf der Waage die zweistelligen Anzeigen nicht benötigt, kann dazu eine Geschichte erzählen: „Es war bei einem Trainingslager in Al Ain, mitten in der Wüste. Ich saß schon im Bus, da holte er mich wieder heraus und sagte zum Fahrer: »Abfahrt!« So kam ich im Wüstensand zum ersten 45-Minuten-Lauf meines Lebens."

> *Mit seinen sozialen Tätigkeiten findet er sein inneres Wohlbefinden, das jeder Mensch sucht. Da sagt er: Da habe ich ein Ehrgefühl, und was ich da tue, brauche ich nach außen nicht zu verkaufen. Das zeigt, was für ein feiner Bursche er eigentlich ist.*
>
> *Werner Gregoritsch, Trainerkollege*

Was kaum jemand weiß und sieht, sind die vielen sozialen Aktivitäten, die Hans Krankl im Verborgenen erledigt. In Stinatz beispielsweise hat er für kranke Kinder im Lauf der Jahre mit

Benefiz-Fußballspielen und Konzerten immense Beträge hereingebracht. Einmal spielte er für einen ehemaligen Kollegen, der in der Familie einen Schicksalsschlag erlitt, ein Benefizkonzert, und der Veranstalter hatte ihm als Erlös eine ansehnliche Summe für den guten Zweck versprochen. Am Ende war es nur ein Bruchteil dessen, was vereinbart wurde, weil angeblich nicht mehr geblieben war. Krankl nahm nichts, fuhr heim nach Wien und behob das Geld von seinem Konto. Er wird keine Freude damit haben, dass diese Dinge im Buch stehen, weil er das alles nicht tut, damit jemand Notiz davon nimmt. Aber man muss es deshalb auch nicht verschweigen.

Hans Krankl ist eine öffentliche Person, die in ihrem Job zu bewerten und zu kritisieren ist wie jede andere auch, die ihn gerade ausübt. Er hat eine große Vergangenheit als Spieler und ein zeitlos strahlendes Charisma, aber das hat nichts damit zu tun, dass er sich daran gewöhnen muss, nicht in der Person, aber in der Sache doch „like everybody else" zu sein. Im Fußball sind die Parameter für den Erfolg nun einmal Titel, Punkte und Qualifikationen, auch wenn ihn das, wenn er gerade zum Looping auf der Hochschaubahn der Emotionen ansetzt, „nicht interessiert."

Der Mensch Hans Krankl ist hingegen in der Tat einzigartig. Ihm näher zu kommen, ist im selben Ausmaß Herausforderung wie Gewinn. Er kann schrullig und knorrig sein, manchmal muss man das Lasso auspacken, um ihn wieder zu den Irdischen herunter zu ziehen. Aber er ist auch im Sinn des Wortes bezaubernd, und in diesen Momenten wird klar, warum ihn Kinder so lieb haben. Er ist eines von ihnen. Er bockt, wenn ihm etwas nicht passt, ist soooo beleidigt wegen eines falschen Wortes, aber auch sofort wieder gut, er kann dich mit seinen funkelnden Augen anschauen, so offen, so ehrlich und gerade, so unverdorben, gutgläubig und naiv im allerbesten Sinn, dass du dir denkst, der kann doch nicht 52 Jahre alt sein, weil in dieser Zeitspanne räumt dir das Leben normalerweise das alles herunter.

Die Tage häufen sich, an denen Hans Krankl darüber nachdenkt, ob er sich die ganzen Reibereien noch antun soll. Er war bei der zweiten „Jesolo-Einheit" für dieses Buch schon so weit, sich vorzunehmen, seine Gegner künftig nicht mehr zu beleidigen, sondern nur noch mit Verachtung zu strafen. Kurz vor Fertigstellung bat er mich (die, die ihn besser kennen, wissen, dass er es befahl), den Spruch des Dalai Lama auf die Seite 5 zu stellen. Und wenn es ihm gelingen sollte, das umzusetzen und auch noch seine Feinde zu lieben – es muss ja nicht gleich am Anfang sein wie sich selbst –, dann sind diese definitiv besiegt.

Denn Hans Krankls heiliger Zorn kann einen ins Wanken bringen. Aber unter der Wucht seiner Liebe geht man zu Boden.